AI in Talent Development

Capitalize on The AI Revolution to Transform The Way You Work, Learn, and Live

AI革命が変える人材開発

Margie Meacham
マージー・ミーチャム◉著

Koko Nakahara
中原孝子 訳

日本能率協会マネジメントセンター

AI in Talent Development: Capitalize on the AI Revolution to transform the Way You Work, Lean, and Live By Margie Meacham
© ATD 2021
Published by arrangement with the Association for Talent Development, Alexandria, Virginia, USA through Tuttle-Mori Agency, Inc., Tokyo

コンテンツ

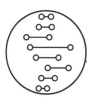

この本の使い方のコツ

　皆さん、この本を手に取ってくださり、ありがとうございます。この本を手に取られたということは、少なからず人材開発のお仕事に関係しているか、人材開発分野でのAIの使われ方に関心がおありのことと思います。

　さて、今まであなたは何冊のノンフィクション、仕事に関連している本を購入したでしょうか？　ちょっとそれらの本の数を考えてみてください。正確である必要はありません。何冊になったでしょうか？

　実は、この本を最大限に活用していただくための出発点として考えて欲しいのです。その中で実際に読み終えた本は何冊あったでしょうか？　またそれらの本の中で、読んだことが直接のきっかけとなって実行した実践的なアイデアはいくつあったでしょうか？

　皆さんの多くは普段は忙しく、日常の仕事の上で、時間の使い方について苦労していると思います。皆さんがこの本に費やす時間は貴重なものです。この本が、役に立ったというリストに入ることを望み、本書の読書体験から可能な限り具体的なメリットを得るためのいくつかの提案をさせていただきたいと思います。

1. この本を読んでいることを公言する

　例えば、アルコール依存症から抜け出すための互助会のような組織は、各メンバーが自分の計画や課題を他のメンバーと共有することを奨励していますが、なぜでしょうか？　それは、社会的な約束には、人を軌道に乗せる力があるか

らです。何かのプロジェクトを完成させたい場合、その目標を達成するための最良の方法の一つは、自分が何をしているかを知っている人に話すことです。ソーシャル・メディアなどはその手段の一つでしょう。

　SNS上でつながっている仲間があなたがこれから何をしようとしているのかを知り、あなたのコミットメントが目撃されることによって、達成への度合いが高まります。フェイスブックなどのSNSをアイデア実践のための効果的ツールとして使ってみるのはどうでしょうか。

2. 手書きでメモを取る

　メモやノートを取ることは、学習プロセスに強力な効果をもたらすと言われています。何かを読んでいると、読んだ内容を自分の状況に適用するための疑問やアイデア、計画が生まれてきますが、それは学習の始まりです。神経経路を経て本から最大限のベネフィットを得る方法の一つです。

　日記をつけている方は、この習慣が思考を集中させ、人生の選択を形成する力があることをご存知でしょう。日記をつけようと思っている方、日記をやめてしまった方、この強力な習慣を再開したい方は、この本をきっかけに始めてみてはいかがでしょうか。

3. 目次の確認から得たアイデアや疑問をノートに記す

　目次をみて、本書への興味が湧いてきたでしょうか。その感想、感じたことを書いてみることから始めてみませんか。それは、あなたの脳が、それまでの経験と、この本を読むという新しい経験を結びつけ始めたということです。各章のタイトルを見ながら、疑問やアイデアなど、頭の中に浮かんだことを書き留めておきましょう。

4. 興味のあるところから読み始める

　第1章から順に読み進めたい人もいるでしょう。情報誌を読むときなど、私は興味のあるところから読みますが、読み進め方にも個人の好みがあります。自分にとって最も興味深いと思われる章から始めましょう。この本では、背景となる情報を確認するために前のほうの章に戻る必要がある場合は、後から戻っても大丈夫な構成になっています。

5. スキミングをしない

　ページをめくっているからといって、実際に「読んでいる」とは限らないという課題があります。スキミングをしているかもしれません。スキミングとは、文字や単語、さらには文章や段落をざっと読み飛ばして、読み物の全体像を把握するテクニックです。昔は学校で、教科書や研究論文を読むための最初のステップとして教えられ、内容をできるだけ多く把握する準備を行うためのものでした。スキミングをすると、脳はすでに知っている情報とページに表示されている情報を結びつけます。

　新しい情報が何かを理解し、統合するための準備として、優れた方法です。しかし、残念ながら、私たちの多くは、ウェブページや電子メール、レポートなどに目を通すことで「その場をしのぐ」ことを覚えてしまい、「読む」という作業になかなかたどり着けません。

　スクリーン上でテキストを見ると、実際に読んで考える時間を取るよりも、ざっと目を通すことを促す傾向があります。このような行動があまりにも一般的になっているため、大学などの研究機関や企業では、人はより深く理解するための読み方がわからなくなってきているのではないかという懸念も示しています（Wolf 2018）。

6. 用語集へのアクセス

　本書で使用されている用語の多くは一般的な知識となっていますが、自分が「知っている」定義と本書で取り上げられている定義との違いに驚くこともあるでしょう。しかし、あまり気にする必要はありません。この本を書くにあたって調べると、多くの専門家が定義について意見を異にしていることがわかりました。一貫性を保つために、私はGoogleがオンラインで公開している「Machine Learning Glossary」を使って定義を統一しました。他にもたくさんのソースがあると思いますが、このソースは人工知能（AI）の開発者がよく引用するものなので、十分な情報源としてお使いいただいて良いと思います。

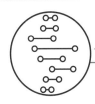

はじめに

「死の天使——ある種の内なる光から放射されている完全な球体で、腕やセンサープローブ、装飾品、あるいは奇妙な新しい昆虫や異星人の目のようにさえ見えるラッパ状の突起物で構成されている——は、美しいと言えるかもしれません。それは、おばあちゃんの家の地下室で発見されたディスコボールなのか、遠い銀河系のエキゾチックな惑星なのか、それとも研究室でつくられた人工ニューロンか、クリスマスオーナメントかもしれないし、希望のメッセージを込めてまばゆい輝きを放つクリスマスエンジェルかもしれません。しかし、そのどれでもありません……。」

　これは、小説『コロナウイルス』のイメージです。

　私がこれを書いている間に、世界は2019年から2020年にかけてのパンデミックに深く入り込み、「COVID-19」と呼ばれる多種多様な病気をもたらす感染力の強い新型ウイルスと戦っています。このウイルスに感染しても、多くの人は軽い症状しか出ませんが、人によっては激しく体調を崩し、悲しいことに、そのうちの何人かが亡くなってしまいます。

　ワクチンはもちろん、信頼できる治療法もない現在（2020年12月時点）、私たちの唯一の武器は行動を変えることです。不器用で不便な衛生管理や封じ込めの手段が人々に教えられ、私たちは、仕事のやり方や、食料品やファストフードなどの日々の買い物の仕方も変えています。学校はほぼ一夜にして閉鎖され、子供たちの学校教育を維持するための負担の多くは、在宅勤務になって、子供たちを「ホームスクール」に通わせる方法を模策する親たちの肩にかかっ

ていました。従来の対面式の大学教育は、すぐにオンライン教育に移行しました。飛行機の旅、レストラン、食料品店、デパート、映画館、プール、ロックコンサート、ショッピングモールなど、現代の生活に欠かせないあらゆるものが閉鎖されたり、大幅に縮小されたりしました。この危機的状況を受けて、私たちの多くは優先順位を見直し、自分と大切な人たちの安全を確保するために、その生活の輪をこれまで以上に内側に寄せ、物理的な世界をできるだけ小さくしています。その一方で、インターネットの利用は爆発的に増加しています。私たちはデジタルの世界に目を向けて自分自身を教育し、自分自身を見つめ直し、少なくとも今は、物理的な世界では手を伸ばして触れることができない友人や家族とつながっています。

　この危機の規模と緊急性により、学習の専門家（ラーニング・プロフェッショナル）が注目されることとなりました。世界的な危機への対応を求められたのは今回が初めてではありませんし、これが最後でもないでしょう。今回のパンデミックに先立つ直近の出来事は、私が生まれる前に始まり、私の子供時代まで続いていました。

宇宙開発競争。壮大な荒廃のレッスン

　1957年、ソビエト連邦は人類初の人工衛星を地球の軌道に乗せることに成功し、「自由世界」に存亡の危機をもたらしました。米国をはじめとする西側諸国は、共産主義国のこの偉業を差し迫った脅威と受け止めていました。この脅威に応えられなければ、いつか宇宙からの兵器で滅ぼされてしまうかもしれないという論理だったのです。危機は、人々の関心を集め、問題解決の目的で連邦政府の資金を獲得するための優れたメカニズムです。

　1961年、ジョン・F・ケネディ大統領が「我々は月に行くことを選択した」と言ったとき、多くの人は彼が狂っていると思いました。当時の論理から言えば、ブリキ缶に3人の人間を入れ、部分的に制御された爆弾に縛り付け、家から23万9千マイル離れた、果てしなく死の淵とも思える宇宙に打ち上げるなどということは、絶対にあり得ないことだったのです。しかし、ケネディの言葉は、ダイナミックで説得力のあるリーダーのインスピレーションに満ちたビジョンだったのかもしれませんし、ロシアとの冷戦がもたらした一般的なパラノイアだったのかもしれませんし、人間の生来の傲慢さだったのかもしれませんが、私たちの集団意識の中の何かが、「やってみようじゃないか」「頑張ろう」

と言ったのです。

　8年の歳月と494億ドル（現在のドルに換算すると4,900億ドル）を費やし、3人の命が失われた後、ニール・アームストロングとバズ・オルドリンは人類として初めて月面に降り立ち、マイケル・コリンズは司令部とサービスモジュールの灯りを守り続けました。

　オルドリンは、月面を跳ねながら、月の風景を「美しい、美しい、壮大な荒涼とした美しさだ」と表現しました。オルドリンは、この冷たい岩に着陸させるための工学的偉業と10万人以上の人々の労働力の偉大さに思いを馳せ、壮大さを感じ、見渡す限り生命の痕跡がない風景に荒涼とした美しさを感じたのです。

　ケネディはこのミッションを10年後までに完了させるという目標を掲げていました。そして、その4日後に無事帰還したことが、この偉業の最大の特徴といえるでしょう。「月への競争」の間、西洋社会では教育が非常に重視されました。アメリカ人は学校に投資し、科学と数学のコースを重視。月面着陸に貢献した発見は、医療、通信、情報技術、電子工学、航海術、医学、食品保存など、様々な分野での大きな進歩をもたらしました。当時の子供たちの一番の目標は「宇宙飛行士になること」だったのです。

　人々は、月面着陸は、科学技術、医療、生活水準のすべてにおいて、当時トップレベルと認められていた米国が主導する、科学技術の進歩の第一弾であると考えていました。しかし、この月面着陸は、アメリカ国民だけのものではありませんでした。世界中で生中継され、多くの人々が教育と科学の発展による繁栄と希望の新時代を思い描いたのです。

　残念ながらその通りにはなりませんでした。悲しいことに、私たちはここしばらく、壮大な荒廃の時代に生きています。未曾有のテクノロジーの時代にあって、人類はかつてないほど科学に無知になっているのです。大学生の多くは、低学歴の親たちよりもまとまった文章を書く能力がなくなり、科学を「信じる」か「信じない」の選択だと思っている人達もいます。

　そんな背景もあってこの本を書こうと思いました。

　今日、世界中のほぼすべての科学者が、コロナウイルスの克服に焦点を当てています。この「死の天使」との戦いにおいて、最も重要なツールの一つが人工知能（AI）です。実は、AIプラットフォームである「ブルードット」のアルゴリズムは、動物から人間に"ジャンプ"して死に至らせる可能性のある新

種のウイルスについて、世界に警告を発していました。ブルードット・アルゴリズムは、航空会社の旅行やニュース報道を検索して、関連する病気の広がりを示す新たな傾向を発見したのです（Niiler 2020）。つまり、AIは最初からこの物語の一部だったのです。

　これが普通のウイルスではなく、危険なパンデミックであることが明らかになると、人間の脳の複雑さをマッピングするために機械学習を使用していた神経科学者たちは、治療法やワクチンを見つけるために、膨大なデータをふるいにかけようと機械学習を利用し始めました。パターンの認識、仮説の確認と反証、トレンドの予測、何十年にもわたる研究の精査などは、機械学習が得意とする作業であり、AIは人間の軍隊よりもはるかに速く、正確にそれを行うことができます。

　これらの賢い人々とそのアルゴリズムが、現在の健康危機を解決する方法を見つけてくれることを切に願っていますが、その過程で、他の分野ですぐに実用化できるような大きな発見がある可能性も高いと思います。今日、医療データを分析しているプログラムが、明日には大手企業のトレーニングギャップを特定しているかもしれません。ウイルスと闘うためにAIの仕事を選んでいる若者たちは、差し迫った危険が去った後もその職業にとどまるでしょうし、世界最大の問題を解決するためにAIを応用する能力をより賢く、より自信を持って身につけていることでしょう。

　本書では、学習する人の興味や進捗状況に基づいて学習体験をパーソナライズしたり、財務予測に基づいて組織のニーズを評価したり、さらには教師の代わりに学生に直接教育を提供したりするなど、AIが学習方法をどのように変えていくかについて説明します。このようなアプリケーションは現在も存在していますが、COVID-19の影響によってさらに加速されることでしょう。私たちは人工知能、ビッグデータ、そして科学の力について、より多くのことを知る（知らねばならない？）ことになるでしょう。

　私は、世界中の学習専門職たるラーニング・プロフェッショナル──学校の教師、トレーナー、講師/教育者など──は、今回のパンデミックで中心的な役割を果たしたと信じています。そしてその役割は、この危機が去った後もずっと続くと思われます。ラーニング・プロフェッショナルとしての私たちの価値を示し続けることが出来るか否かは、自分たち自身にかかっています。価値を示し続けることができるようになるためには、ステークホルダーからの要

請に応えるだけではなく、新興テクノロジーの最先端を行くことも必要です。その中でも最も魅力的なのは、人工知能の導入です。人間が自分ではなかなか答えを出せないようなニーズに応えるために、人工知能への注目と投資が大きく高まっています。

　パンデミックからのサバイバル後、この世の中は大きく変わるでしょう。時計の針を戻したいという気持ちも理解できますが、「元に戻る」ことはありません。最初の脅威が去った後は、実はずっと前から忍び寄ってきていた新たな日常が待っているのです。

　どんな革命でもそうですが、AIの変革も一夜にして起こったわけではありません。2016年当時、私は脳科学とAIの分野が収束しつつあることを指摘した最初の学習科学系ライターの一人でした。学校教育や企業の研修部門に対して認知科学の適用支援をするコンサルティングビジネスをしていたころ、知能についてのブログ記事を書いたのです。人間の知能をさらに理解するための神経科学的根拠を調べれば調べるほど、人工知能に基づく発見やモデルにぶつかっていきました。

　それによって、私は「人工知能を抜きにして一方を語ることはできない」と考えました。この二つの分野が好循環に陥っており、互いの進歩を利用して、あらゆる種類の知能を理解する上で大きな飛躍を遂げていることを指摘しました。当時の神経科学者や心理学の教授たちの反応に対して、私は驚き、また勇気づけられました。何千人ものトレーナーやトレーニングマネジャー、大学教授が私のブログを読んでいることは知っていましたが、まさか科学界から注目されるとは思ってもみませんでした。

　それは、私に重要なことを気付かせてくれました。機械学習の専門性を身につけることなくして成人学習者の専門家になることはできなくなってきているということです。この洞察は、私自身、クライアント、そして私に求められている仕事に対する見方を変えました。

私のストーリー、私の天職

　私の親友であるジョンは、30年以上前の私の結婚式でベストマンを務めてくれました。彼は、薬剤師の資格を取得した後、医学博士になるために学校に戻りました。医師であれば誰もが言うように、友人や家族に健康に関するアドバイスをするのは当然のことだと思います。ある日、私はジョンに「こんなこ

とで時間を取らせてしまって申し訳ない」と謝っていると、彼は力強い言葉をかけてくれました。"マージー、謝らないでくれ。これが私の仕事なんだ。これは私の天職なんだ。"

人生において天職にたどり着くのは不思議なことですよね。私がジョンと出会った学生だった当時、彼はすでに薬剤師になりたいと言っていましたが、自分の天職、つまり自分が世界に価値をもたらす方法を見つけて道を変えたのです。幼い頃から明確な使命感を持っている人もいるかもしれませんが、私はただ大学を卒業して仕事に就きたかっただけでした。私はすでに結婚しており、収入を得ることが急務でした。在学中、秘書の試験を受けていたところ、タイピングテストで私の指がキーボードの上を飛んでいるのを聞いた採用担当者が、ワープロのトレーニングを受けるために私を町に連れて行ってくれました。

一ヶ月もしないうちに、私は巨大なフロッピーディスクにバックアップを取るための残業をしたり、業務効率化のためのプロセス自動化の仕事をしたりしていました。大学卒業後、夏の間は営業の仕事に就き、秋には高校で英語を教えたいと思っていました。営業の仕事に就いてまもなく、営業トレーナーが教えてくれた巧妙な「テクニック」は、心理学や教育学の授業ほど役に立たないことがすぐにわかり、私はお客様に対して、製品がどのようにお客様の人生を変えるのかをただただ説き始めたのです。

5年連続で地域のトップセールスパーソンになった後、私は、セールストレーニングプログラムを始めないかと誘われました。当時の私は、自分が教育トレーニングをするとは思ってもいませんでした。ただ、新しい仕事に恵まれただけだと思っていたのです。その後、会社の学費補助制度を利用して成人教育技術の修士号を取得したときには、10年後に神経科学や人工知能についての記事を書くことになるとは思いませんでした。

私が企業のトレーニングリーダーの仕事を辞めて、コンサルティングビジネスを始めたとき、自分の上司だった人たちが、新人ラーニングコンサルタントの私をすぐに雇ってくれるとは思ってもいませんでしたが、コンサルタントとしてのキャリアを積んで数年後、私は知能に関するブログ記事を書きました。その後、誰かが私をトレーニング関連会議での講演に招待してくれ、さらに次の招待もありました。本を書いた後も、講演の機会が続きました。ATDのために「Essentials of Brain-Based Learning」というコースをデザインし、ウェビナーでAIと脳科学関連の話をしました。

ある日、ATDの友人と本のアイデアについて話していたところ、彼は私にそれをやってみるよう勧めてくれました。

　今日では、チャットボットを使って学習コンテンツを配信し、知識を評価する方法、AIを導入して真にパーソナライズされたコーチングツールを構築する方法、そして機械学習の実験から直接得られたモデルを使って、脳を念頭に置いてあらゆる学習体験をデザインする方法を企業に紹介しています。

　このような履歴からは、私が仕事を転々としているように見えるかもしれませんし、確かにそのように感じることもありました。しかし、今振り返ってみると、私は漫然と横道にそれていたのではなく、自分の道を歩んでいたのです。蛇行しながら、ゆったりとした旅をしているうちに、自分には何かユニークなものがあるということに気づきました。

　そして、この本を書きました。

この本について

　本書は、人事担当者、研修担当者、インストラクショナルデザイナー、人材開発担当者などの皆様に向けて書かれたもので、私たちの分野における人工知能テクノロジーのメリット、使い方、リスクについて、私が知っていることをお伝えしています。また、AIを使った人材開発のイノベーションを活用し、進化するAI革命に読者の皆さんと皆さんの組織が備えるために、今すぐ実行できる具体的なアクションを説明しています。ここでは、各章の説明をします。

第1章：さあ、スマートマシンが入れてくれたコーヒーの香りで目覚め　　　よう―テクノロジーラーニングはすぐそこに

　この章では、自分たちが気づいていないけれども、すでに身近に存在するAIの応用例を紹介します。ここでは、デジタル版の自分をつくろうとした人間の努力の歴史を簡単に紹介し、本書で使用するいくつかの用語について解説します。

第2章：ロボットを使って自分自身を再起動する

　AIを導入することで得られる最も実用的なメリットは、反復的な作業の自動化、プロセスの合理化、多忙な日々の記録などによって、私たちの生産性を向上させてくれることです。自分自身をリブート（再起動）するというと、少し

怖い感じがするかもしれませんが、この章では、簡単で楽しく、実用的な方法でAIを導入し、わずかな努力で大きな効果を得ることができる方法を紹介します。

第3章：機械（マシン）との対話

　ラーニング・プロフェッショナルにとって最も身近な事例の一つが、人々の学習を支援するためのチャットボットの導入です。その用途は、インテリジェント・ボットをシンプルなユーザー・インターフェイスとして使用することから、魅力的で「生き生きとした」コーチやロールプレイ・パートナーとして配備することまで多岐にわたっています。

第4章：LMS（学習管理システム）をよりスマートにする

　何十年もの間、渇望され強く求められてきた教育の「聖杯」は、一人ひとりのニーズに合わせてつくられ、真にカスタマイズされた学習体験、教育、トレーニングを提供することでした。ビッグデータが爆発的に増え、システムによって私たちの学習者についての発見も増え、皮肉なことに、知れば知るほど各個人のニーズや違いのバリエーションについての発見も増えました。そして、テクノロジーによって、各人が必要とするものを必要なときに必要なだけ、かつより効果的に一人ひとりのニーズに合わせて学習コンテンツを提供するように調整することが可能になっています。

第5章：正しい選択をしよう

　本章では、AIを導入する際の倫理的配慮について説明します。新しい技術は多くの恩恵をもたらす一方で、新たなリスクを生み出し、その技術をどのように導入するかについて、私たちは責任を認識しなければなりません。人工知能の場合、未知の部分が多く、時間が経たないと判断の核心が見えてこないため、善し悪しを判断するのが難しい場合があります。しかし、大きなリスクには大きなリターンが伴います。私は、ラーニング・プロフェッショナルを自負する講師やトレーナーには、この点でもリーダーとしての責任があると信じています。この章では、そのための実践的な方法をいくつかご紹介します。

6章：ラーニングの未来：私たちはこれからどこに向かうのか

　この本を読んでいるあなたのガイドとして、私にも責任があります。読者の皆さんにたくさんの情報を提供しただけで、「さあ、外に出て、一歩踏み出し、何かしましょう！」と言うことはできません。そこで、この最終章には私のベストを尽くしたすべてをまとめ、皆さんの今後を考えるためのヒントになることを示しています。

付録：ツール

　このセクションでは、記入可能なテンプレートやチェックリスト、ツールをご紹介しています。

推薦図書・リソースサイト

　AIや学習技術の分野は非常に流動的であるため、オンラインに別のリソースページを用意しました。このページでは、ワークシート、リーディングリスト、テンプレートなど、本の中で紹介されている追加ツールにアクセスすることができます。また、AIを活用した学習方法についての継続的な議論に参加することもできます。

お問い合わせ

　この本に関するご質問やご意見がありましたら、ぜひご連絡ください。付録：ツールと推薦図書・リリースサイトには、連絡を取るためのいくつかの提案を掲載しています。これをきっかけに、活発な議論が展開されることを願っています。今、この本を読んでいるあなたの声が聞きたいのです。

　すべての会話は誰かが最初に動かなければならないので、まず始めましょう。

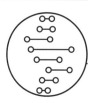

翻訳者はじめに

　マージー・ミーチャムによる原書は、2021年1月に発刊されましたが、著者がこの本を書いている頃にはCOVID-19が世界中にまん延し始め、多くの人の働き方が変わり、人工知能を含むデジタルテクノロジーの活用が急速に進みました。

　もちろん、人工知能が様々な分野に浸透し、それによって人事や人材開発の在り方も大きく変わるであろうことは以前から言われていましたが、「いずれ考えなくちゃならないかもな……」というのが実情だったかもしれません。しかし、コロナ禍によって集合研修が出来なくなる事態になり、リモートワーク（テレワーク）が余儀なくされたことによって、日本における人材開発の在り方は、強制的に変わらざるをえなくなりました。このことは、私たちにテクノロジーを使った研修の選択肢を考える機会となりました。

　それによって、今まで二の足を踏んでいたオンラインでの教育や研修セッションへのハードルが下がり、Webセミナーも目白押しに実施されるようになりました。しかも、一時の措置かと思っていたことが、まだ数年続きそうな状況になってきて、いよいよ「リアル（対面）」であるかないかに関わらず業務遂行が可能な環境をつくることと共に、新しい働き方となったリモートワーカーを見据えたマネジメントや人材育成環境を整える必要も出てきました。そして、そのことは、組織で働く人々への環境変化に伴うリスキルやアップスキルニーズへの対応以上に人事や人材開発に関わる私たちのリスキル、アップスキルニーズがあることを示しています。

本書は、AIに焦点をあてて、それらの技術的要素がどう人事や人材開発に使われ始めているのか、使われる可能性があるのかをストーリーを交えて語られています。そして、これからの人材開発やラーニングプロフェッショナルの在り方、私たちに「今」求められるマインドセットと行動を訴求しています。

　「学習（ラーニング）」を研修イベントとして捉えるのではなく、職場（ワークプレイス）における学びも含めたラーニング環境を整えることの重要性は、企業や組織における学びの目的は本来そのビジネスパフォーマンス実現のためにあるという観点からも、長らくATDでも推奨してきました。それは、数年前Josh Bersin氏が"Learning in the Flow of Work（仕事の流れの中での学習）"（Josh Bersin 2018）という明確なコンセプトを打ち出してから、さらに注目されることとなりました。そして、働く環境におけるデジタルの浸透とテクノロジーの驚異的な変化スピードは、ますますその必要性を後押しすることとなり、COVID-19は、それを加速させています。

　著者マージー・ミーチャムも言及していますが、知らない間にどんどん私たちの暮らしや働き方に浸透しているAIを知り、それを主体的に使っていくことができる組織となるための環境整備やリスキリング支援のための行動を「今」始めるか、様子見をして待つかは、皆さんの決断です。

　著者は、ルイス・キャロルの『鏡の国のアリス』に登場する赤の女王の言葉を取り上げています。

　「さて、ここではね、同じ場所に留まっていたいと思うなら、全力で走らなければならないんだ。他の場所に行きたかったら、少なくともその2倍の速さで走らなければならないんだよ！」

　業務環境のデジタル化やそれに伴うリテラシー自体が主要な先進国に比して相当な後れを取っていると言われている私たち日本においては、その走るスピードは2倍以上にする必要があるかもしれません。

　COVID-19による大きな変化をポジティブな追い風に変え、タレントデベロップメントから人事や職場における学びを変革していくヒントをこの本から得られることを願っております。

中原　孝子

1

さあ、スマートマシンが入れてく れたコーヒーの香りで目覚めよう ―テクノロジーラーニングは すぐそこに

　挽いたコーヒーに湯を注ぐ音と、スマトラ島産の豆の紛れもない香りが、私の脳をくすぐり、ぼんやりとした覚醒感をもたらします。頭の中では土の香りのような豊かさが感じられ、今日も一日が始まるのだと実感します。

　「おはようございます、マージー」と、デジタルアシスタントの優しい声が聞こえてきます。「ご要望のモーニングコールです。時刻は午前5時30分、外気温は華氏33度、最高気温は58度、空は一部曇りの予報です。今日は三つのアポイントメントと一つの重要なタスクがあります。今すぐ確認してみませんか？」

　私がコーヒー2杯を飲んだ後、デスクに座ると、デジタルアシスタントは、その日の予定を提示しています。脳に電気信号を送り、脳波をモニターしてコントロールすることで、生産性や創造性を高めることができるように設計されたという新しい経頭蓋直流刺激（tDCS）ヘッドセットを使いながら、その日の重要ではない仕事を避けている自分がいます。このブレイン・マシン・インターフェース（BMI）の潜在的なメリットは理解しているものの、まだこの新しいヘッドセットを使いこなせていません。とりあえず、そのことは後回しに

して、朝の犬の散歩の準備をしました。机の上に置かれた新しいテクノロジーの利用にもっと取り組めば、いずれは愛すべきモフモフちゃんたちとも、直接的なコミュニケーションができるようになるかもしれないと自分に言い聞かせ、ふと子犬の目を見ると、しっぽを振りながら、外に出たがっていることを伝えています。機械は必要ありません。

　いつも携帯電話を持っているので、音声入力アプリを使って、歩きながら新しいオンラインコースの概要説明を入力します。帰ってきたら、バーチャルコンテンツエディターに文法をチェックしてもらい、初稿にいくつかの提案をします。私は、アプリがいくつかの専門用語を混同していることに気づき、時間をかけて"彼女"にフィードバックします。人間と違って、"彼女"は同じ間違いを繰り返さないでしょう。

　この日はまた、他の多くの"人間と機械のチーム"との始まりの一日でもあります。

　自動運転車のシートに座ったマイクは、朝の通勤に備えます。道路に注意を払わなければならないことはわかっていますが、返事をしなければならないメッセージが飛んできたのを見ます。いずれにしても、早朝の誰もいない道路なので、自動運転にしていても事故は起こらないだろうと思っています。

　風邪をひいているアシュリーは、コンピュータプログラムで設定された時間割についていくのに必死です。このままでは業績が下がってしまうのではないかと心配しています。

　オンラインニュースの編集者であるラウルは、その日のトップニュースを企画し、そのリストを"スタッフ"に送ります。アルゴリズムがコンテンツを整理し、見出しを書き、画像を選び、記事をオンラインに掲載します。編集長はそれを見て、必要に応じて修正を加えます。コーヒーを片手に、ニュースルームを見渡します。数年前までは、レポーター、ニュースライター、グラフィックアーティスト、編集者などがコンピュータ画面の周りを蜂のように飛び回り、やみつきになるような緊迫感を持った活気に満ちた騒々しい場所でした。今では、蛍光灯の穏やかな音と、定期的に届くメールの着信を知らせるピンという

音だけが聞こえてくる空間に一人で静かに座っています。

　アヴニッシュは、Fortune 100に選ばれた金融サービス会社のCFOです。彼が1杯目のコーヒーを飲んでいる間、投資プログラムは、彼が設計に携わったアルゴリズムを使って、一晩中、株の売買と会社のポートフォリオのバランス調整を行っています。実際のところ、どのように機能しているのかはわかりません。しかし、リターンは上昇しており、上司への最新メッセージを「個人秘書」に口述しています。

　メアリーは主治医から電話を受けました。AIが分析したマンモグラフィの結果が出たのです。メアリーは、この結果を信じていいのか疑問に思います。主治医は、AIは人間の分析者よりもはるかに正確かつ効率的にがんを認識できると説明しています。

　バオは10歳です。しかし、彼が学んでいる数学の難易度は、その数年上のレベルです。AI家庭教師は、彼がいくつかの課題やテストで優秀な成績を収めた結果、より難しい内容を提示するようになりました。その"先生"がビデオ講義をしてくれるのか、新しいゲームをしてくれるのか、それとも何か面白い課題を出してくれるのか、彼にはわかりません。ただ、学校に行く日が待ち遠しくてたまりません。

　アリッサは、新製品の発表会に携わるマーケティング担当者です。新しい人形は、すでに流通している何千もの現行の人形から送信されたデータをもとに、AIがデザインしたものです。ほとんどの親御さんたちは、この人形が遊んでいる子供のデータを取り込んで、ネットを通じて送信していることを知りません。

　アーシャは、自分のチームで募集しているエンジニア職の新しい候補者リストを受け取ったところです。彼女はリストを見ながら、会社の履歴書選考プログラムで選ばれた上位20人の候補者の中に女性や有色人種がいないことに気付き、心配すべきではないかとため息をついています。

　マルコは大学教授で、受け取ったばかりの盗作警告の結果をどう処理するか

考えています。マルコは、学生が書いた論文を定期的にアップロードして、その作品がオリジナルであることを確認しています。ボットは、学生が提出したものと一致する可能性のある既存のテキストを検索し、言葉遣いや構成の選択から、他の人が書いたと思われる文章も特定します。ある優秀な学生が、自分の論文の大部分を他の資料から引用するという常軌を逸した行為を行っていたようです。マルコが考えなければならないのは、"なぜ？"ということです。

　外に出れば、マルコの大学のキャンパスでは、まるでゆっくりとした光のショーのように見えます。インテリジェント照明は、早朝に人工光を必要とする人々やアプリケーションのニーズを想定して、オン／オフを切り替えます。このシステムにより、大学は年間数百万ドルの光熱費を節約し、二酸化炭素排出量を削減し、昼夜を問わずキャンパスの安全性を高めています。

　駐機場から離陸して数分後、250人の人々がニューヨークからロンドンへの長いフライトに身を任せています。乗務員は自動操縦機能を作動させ、朝一番の飲み物を楽しんでいます。

　この本は、私たちの生活を変えることを期待されている人工知能についての本ですが、ここまでのシナリオで、すでに存在するAIの例はいくつあるでしょうか？
　全部です。

インテリジェンスとは何か？
　人工知能の議論を始めるには、まずは生物学的な知能、特に人間の知能を定義するのが筋だと思われるかもしれませんが、このアプローチはすぐに問題にぶつかります。心理学の専門家の間でさえ、人間の知性の定義についていまだに統一されていません（Ness- ier 1979）。知性をどのように測定するか、どのような行動が知性を示すのか、知性は先天的なものか後天的なものか、といった議論を含み、議論は現在進行中なのです。
　知能の問題は、意識の問題と結びつけられたり、混同されたりすることがあり、時には人工知能の概念とも結びつけられることがあります。このテーマを完全に扱うには、神経科学や人工知能に加えて、医学、心理学、哲学、倫理学、

法律の分野を横断して、何冊もの本が必要になるでしょう。この本では、二つの具体的な概念を紹介します。それは、哲学者のデビッド・チャルマーズが最初に指摘した「難しい問題」と「簡単な問題」です。

　チャルマーズは、意識も知能も単一の現象ではなく、それぞれが行動の集合体であると認識していました。彼は、この行動の集まりを理解しようとするのではなく、「難しい問題」と「簡単な問題」と呼ばれる二つの問題から始めることを提案しました（Chalmers 1995）。「簡単」な問題といっても、決して簡単ではないのですが、「簡単な問題」とは、経験が感覚を通してどのように脳に入り、私たちにとって意味のある何かにコード化されることの説明であるとしています。一方、「難しい」問題とは、感覚をどのように組み合わせれば、個々人に固有のまとまった経験になるのかを理解することとしています。この仕組みが解明されれば、人間と同じような内面を持つ知性を生み出すことができるかもしれません。

　参考資料として提供されている文献を読み進めていくと、これら難しい問題と簡単な問題が出くわすかもしれません。今のところ、現在の科学では簡単な問題のほうがかなり進歩しています。

　科学者のカール・セーガンは、2002年に出版した著書『コスモス』の中で、この問題をうまくまとめています。「知性とは情報だけではなく、判断力、つまり情報を調整して利用する方法である」と。

　私は「人間の脳の百科事典」で示された定義が気に入っています。

　　"インテリジェンスとは、現実世界の環境に適応し、それを形成し、選択
　　するための目的意識を持った能力であると定義することができる。"
　　(Sternberg and Kaufman 2002)

　この定義は、人間にも"インテリジェント・マシン"にも当てはまるものであり、この二つがどのように協働できるかを話し合うきっかけになると思います。

人工知能とは何か？

　GoogleはAIを「高度なタスクを解決できる人間以外のプログラムやモデル」と定義しています。この定義が、人間の行動を模倣したり、人間の感情を示したりすることには言及していないことに注目してください。なぜなら、ほとんどのAI開発者はそのようなことに関心がないからです。SFやソーシャルメディ

ア、一般紙などでは、人間に近い形で関わりを持つ機械をつくることが話題になることが多いのですが、今日のAI専門家の多くは、特定分野の複雑なことを行うコンピュータシステムをつくることに関心があるのです。また、Googleは洗練されたものの定義を私たちに委ねています。時間の経過とともに、AIが実行できるタスクに対する私たちの理解は、おそらく進化するでしょう。Googleの定義は簡潔であり、人間の知性とはほとんど関係がありません。

　このように単一タスクのソリューションとしてのAIの定義は、「特化型AI」と呼ばれることがあります。これは、より広範なビジョンである「汎用AI」（人工的な汎用知能）と区別するためです。汎用的なAIはまだ実現されておらず、ほとんどの専門家は実現にはほど遠いと考えています。全く新しい感覚を持つ新種の人間をつくるようなものであり、考えようによっては、悪夢のような話でもあります。

　最近では、深層学習の専門家であるフランソワ・ショレ氏が、「コグニティブ・オートメーション」という言葉を提供しています。彼はこう説明します。「我々の分野は『人工知能』とまではいかず、『認知的自動化』であり、人間が生み出した抽象的な概念、行動、スキルを符号化（エンコード）し、運用するものだ。『インテリジェンス（知能)』というラベルはカテゴリーエラーである」（Chollet 2020）。

　私は彼のこの説明に同意します。そもそも人間の知性を定義できていないのですから、それを機械で再現しようとしても無意味です。しかし、AIという言葉がなくなることはないでしょう。そこで当面は、日常的な問題に対するマシンベースの解決策を生み出すための、幅広いユースケース（事例）やプログラミングアプローチを総称して、AIと呼ぶことにします。あまり正確ではありませんが、これでよいことにします。

　「汎用AI」の開発はまだ私たちの手の届かないところにありますが、専門的なAIやコグニティブ・オートメーションの用途は以下のように多岐にわたります。

- 自動車や飛行機の効率や信頼性を高める設計
- がんやその他の潜在的可能性がある病気を特定するための医療画像の研究
- 既存製品の人気機能をベースにした新製品の設計
- がん患者個々に対する最も効果的な治療法の適合

- 大規模なデータセット分析による金融市場のトレンドや機会の特定
- 広告コピーやニュース記事の執筆
- 人間の対戦相手に対する洗練された戦略ベースのゲームでの勝利
- 機器の監視による故障しそうな部品の特定
- グローバル市場のトレンドパターンに基づいた投資機会の特定
- 土壌分析による、作物収穫量を増やすための添加剤提案
- 新しい病気に対するワクチンや解毒剤の発見
- 繊細な機器の最適な温度やその他の環境要因の維持
- 混雑した空港での顔認証による指名手配犯の特定
- パイロットの心理測定結果を分析し、飛行疲労を考慮した機器表示の調整

　AIのように急速な進化を遂げている分野では、定義が変わり続けることが予想されます。この分野のリーダーたちでさえ、その定義には苦労していますが、最高裁のポッター・スチュワート判事が猥褻物について説明したように、私たちはそれを見ればわかるのです。この概念を理解するには、ビジネスアナリストのデビッド・シャツキー氏の説明が参考になります。
　「AIとは、機械が行う何かである」

AIの進化
　シンギュラリティ（特異点）とは、科学やSF、人工知能に関する記事などでよく見かける言葉です。数学者のジョン・フォン・ノイマンが提唱した言葉で、数学コンピュータの人工知能が人間の脳の能力を超える瞬間を理論的に定義したものです。
　この言葉は物理学や量子力学の用語で、ブラックホールの研究では「重力特異点」という言葉が使われています。そのような事象の次に何が起こるか予測できないため、特異点とみなされます。その事象に関連する破壊的な変化の度合いが、現在の知識では大き過ぎるからです。人間のように考える機械の誕生は、私たちの経験のすべてを変える出来事であり、その新しい世界がどのようなものになるかを正確に想像するのは難しいため、この言葉はその後、人工知能の分野でも使用されるようになりました。
　シンギュラリティがいつ発生するのか、また発生したときにそれを認識でき

るのかどうかもわかりません。もしかしたら、コンピュータとの融合はあまりにも緩やかで、シャープな境界線は見えず、色の濃淡が変わるように混ざり合っていくのかもしれません。

青が青緑になるのはいつか？

生物学的なコンピュータはいつ脳になるのか？

私たちはいつ人間であることをやめて、新しいものになるのか？

AIの歴史を振り返る

人間は長い間、機械を使って能力を拡張してきました。ですから、人間の認知プロセスを機械に再現しようとする段階に来ているのは、当然のことと言えます。

1763年：数学者トーマス・ベイズが「ベイズ推論」を開発。確率に基づくパターン認識や予測を用いた意思決定方法を機械（および人間）に教えるための手法として採用される。

1837年：チャールズ・バベッジが、数学的な計算を行うための機械「解析エンジン」を発明。この機械は、計算を実行するための命令（プログラム）が必要とされた。バベッジの同僚であるエイダ・ラブレスは、彼の試作機で動作する最初のプログラムを書いた。多くの歴史家は、バベッジを後にコンピュータと呼ばれるものの発明者とし、ラブレスを最初のプログラマーとしている。

1898年：発明家で電気技師のニコラ・テスラは、「借り物の心」と「無線通信」を使って、プログラムで操作する機械をつくることができるのではないかと提案。

1939年：ウェスティングハウス社が初のロボット「エレクトロ」を発表。このロボットは、限られた質問に録音された回答を伝えることができ、歩くことができ、タバコを吸うことができ、風船を飛ばすことができた。ロボット犬Sparkoを連れていた。

この機械は娯楽的な好奇心をそそるものであり、本格的な人工知能の試みではありませんが、後にロボット工学と呼ばれるようになるものの可能性に注目しています。

1943年：ウォーレン・S・マッカロクとウォルター・ピッツは、人工ニューロンのネットワークを構築することで、ニューロンのオン・オフによる発火シ

ステム（後のバイナリコード）を利用して、考えることのできる機械をつくることができると提案する。

　1950年：「私は『機械は考えることができるか？』という質問を提起する」という有名な冒頭句でアラン・チューリングは、機械が人間の認知機能を模倣する日が来ると予測した。後に「チューリング・テスト」として知られるようになる。チューリングは、知性の定義を完全に回避しつつ、人間とコミュニケーションをとっていると確信できる限り、その機械を「知性がある」とみなすことができると提案した。

　1955年：ニューハンプシャー州ハノーバーのダートマス大学で開催された会議で、ジョン・マッカーシーが「人工知能」という言葉を生み出した。この会議は、コンピュータ学者が人間の言語を使ってコンピュータをプログラムすることを検討した最初の機会の一つである。この歴史的なイベントの副産物として、人間の思考過程をシミュレートするためにニューラルネットが使用され、また、コンピュータが抽象的な結論を出し、「秩序立った思考」をする能力、すなわち「自己改善と表現するのに最も適切な活動を行う、真に知的な機械」として機械学習が定義された。この野心的な会議は、目指したものをすべて達成したわけではないが、今日まで影響を与え続けているAIと機械学習の進歩の青写真を確立した（McCarthy et al.1955）。

　1997年：IBMのスーパーコンピュータ「ディープ・ブルー」が、グランドマスターのギャリー・カスパロフとの対戦で、コンピュータが人間のチェスチャンピオンを破った最初の例となる。しかし、多くの人は、機械が本当にこれほどの成績を残せるのか疑問に思い、IBM社の不正行為を非難した。このコンピュータは「あまりにも人間的」であり、信用できないというのだ。

　2011年：人気テレビゲーム番組「ジョパディ！」で、IBM社のワトソンが人間の最強プレイヤーに勝利。見事な成果ではあるが、この勝利は見た目ほど「知的」なものではない。ワトソンが実行しているのは、データベースを検索して、人間のライバルよりも早く回答を提供する単純なプログラムだ。しかし、コンピュータが人間の音声を理解して応答できるようになったのは初めてのことであり、その後の自然言語処理の応用に道を開くものでもあった。

　2016年：ロシアはAIを導入し、ボットを使って誤解を招くようなコメントをソーシャルメディアに投稿し、米国大統領選への影響を与えることに成功した。有権者や特定のタイプの人々の投票活動を抑制する。ロシアやその他のア

クターが選挙の結果に影響を与えることに成功したのは、これが初めてではなく、最後でもない（Kamarck 2018）。

2017年：DeepMind社のAlphaGoは、世界で最も複雑なゲームとされる囲碁で、人間に対して一連の勝利を収めた。3ゲームマッチで、マシンは世界チャンピオンの柯潔を破り、柯潔は「ゲームの途中で勝利に近づいたと思いましたが、それはAlphaGoが考えていたことではなかったかもしれません」とコメントしている（Russell 2017）。

2020年：世界中の研究者がコロナウイルスのパンデミック対策に追われる中、全世界の研究者たちが機械学習を使って山のような研究結果から有効な治療薬を見つけ出したり、地球上に存在するあらゆる化学物質や化合物を、解決策になるかどうかを入念に検証するAIプログラムを開発したりしている。そのスピード、徹底ぶり、効率の良さは、人間が一人でできることをはるかに超えている。この悪夢がようやく終わったとき、多くの人が、どこかのアルゴリズムが見つけた何かによって、治療法やワクチン、あるいはウイルスの進行を遅らせたり減らしたりする治療法を手に入れることができ、命を救われることになるだろう。

学習と人材開発におけるAIの役割は？

International Data Corporation（IDC）は、2022年までに世界の企業がコグニティブシステムやAIシステムに776億ドルを支出すると予測しています。最も高い支出が予想されているのは以下の分野です。

- 自動化されたカスタマー・サービス・エージェント
- 自動化された脅威情報キャッチと防止システム
- セールスプロセスの推奨と反復的なタスクの自動化
- 予防保全の自動化
- 医薬品の研究と発見
- 消費者のショッピングアドバイスと製品推奨
- 企業のナレッジワーカーのためのデジタルアシスタント
- インテリジェントなデータ処理の自動化

しかしながら、人材育成に目を向けると、多くの組織が遅れをとっていることがわかります。2020年のあるベンチマーク調査によると、Fortune 500企

業のうち6%が採用・入社時の体験にチャットボットを取り入れており、8%が候補者のプロフィールに基づいた推奨職務を配信しています。別の調査では、Fortune 500企業の14%で新入社員や入社予定者にセマンティックサーチ機能（ユーザーの目的や意図を理解した検索エンジン）を提供しています（Starner 2020）。

　例外も多くあるため、すべてを紹介することはできませんが、いくつか思いつくものを紹介しましょう。

　先日開催されたATDカンファレンスでは、参加者のエンゲージメントを高めるためにチャットボットが導入され、オピニオンリーダーであるボブ・パイク氏がカンファレンス中に提供するコンテンツを強化しました。「Bob Bot」は、学習コンサルタントのTrish Uhl氏が設計し、AI開発会社のMobile Coachが構築しました。

　ジョージア工科大学のAshok Goel教授は、2016年にAIプログラムを使ってティーチング・アシスタントをシミュレートしたことで有名です。「ジル・ワトソン（Jill Watson）」は、コンピューティングサイエンス修士課程の学生をサポートし、コース内容に関する質問に答えたり、課題の指示を明確にしたりしました。「彼女」は電子メールで学生とコミュニケーションをとりました。このプログラムのオリジナル版は非常に効果的で、一部の学生はジルを優秀なTAとして賞に推薦しました。現在もこのプログラムは成長を続けており、2020年にはさらに進化した新しいAI「ジル・ソーシャル・エージェント（Jill Social Agent）」がリリースされました。今では誰もがジルがAIであることを知っており、教育に応用された実用的なAIの例として役割を果たし続けています。

　インドでは、革新的なAIのアプローチで、深刻な教師の質的不足を克服しようとしています。多くの学校で学生がAIと対話しています。

- **アダプティブ・プラクティス**：アルゴリズムは、各人の学習パフォーマンスに基づいて適切な演習アクティビティを選択し、生徒が興味を持って、落胆せずに次のレベルに到達する努力をするのに十分なチャレンジを提供する。
- **パーソナライズされたコンテンツ**：AIの「先生」が、過去の成績データをもとに、各学生の学力レベルに合わせたコンテンツを提供する。
- **マクロ診断**：AIとの個別対話で得られた過去の成績データをもとに、大

人数の学生のニーズや成績をアルゴリズムが予測する。

　先日、『思考スキルを教えることで組織の将来を見据える*Future-Proofing Your Organization by Teaching Thinking Skills*』の著者であるナネット・マイナー氏と会う機会がありました。彼女の研究によると、AIによって最初に代替・自動化されるものは、反復的、日常的、危険、人間にとって単調で退屈なスキルやタスクになると言います。このような仕事が置き換わることによって、人間は自分たちが最も得意とすることに専念できるようになります。つまり、創造や合成、適応、可能性を思い描くことといった分野です。そのためには、職場と教育の両面で大きな変化が必要です。私たちは、若い人たちに、『もしも"What if？"』や『なぜそうしないのか"Why not？"』という問いかけをしなければなりません。大人として、私たちは、"What if？"や"Why not？"と問いかけて学び続ける能力を再発見しなければなりません。新しい役割を担うことで自分を成長させることは、これまで担当していた平凡な仕事をロボットにさせることができるようにするための挑戦と準備になります。

　インドや中国以外でAIが実際にトレーニングや教育に使用されている例を探すのに苦労しましたが、最初に探策したときよりもはるかに多くの可能性が見えてきました。他の業界や業務でパフォーマンスを向上させるために開発されている事例は、どこに注目すべきかを私たちがわかってさえいれば、学習やパフォーマンスのアプリケーションに簡単に適応できます。すでに、人材育成や教育の分野では、AIを活用した学習が普及し、高い効果を発揮する新しい未来を推測する声が多く聞かれます。

　ステラ・コリンズは、脳科学を応用して学習とパフォーマンスを向上させることに焦点を当てている学習コンサルタントです。私たちは数年前にオンラインで出会い、お互い学習テクノロジーのトレンドを追っていることに気づきました。私はステラに、私たちの未来におけるAIについての考えを聞きました。彼女はこう答えました。

　　「今日、ボットは知識を共有し、コーチングし、パーソナライズされた学習の選択をアドバイスしてくれます。AIはビッグデータを処理して、人々が今どんな学習を必要としているかの洞察をサポートし、将来の必要性を予測します。将来的には、AIは、より社会的、感情的、知的になるでしょうが、ニュアンス、創造性、共感、愛といった人間のスキルを代替するに

はまだ長い道のりがあります。可能性が高いのは、自分たちの脳や体をAIデバイスで補強することであり、それは思っているほど遠いことではありません。」

2018年、リア・ヴァン・ディンテレン、ケイテリジン・ニズマンス、そして私は、神経科学とAIの融合分野を展開して学習を強化するための新しい方法を模索する専門家のグローバルコンソーシアム「ブレイン・レディース（Brain Ladies）」を結成しました。2018年に発表したホワイトペーパー「From Learning to Performance: *Global Lessons From the Brain Ladies*」の中で、「人工知能、ロボット工学、神経科学、遺伝学などの進歩により、私たちの生き方や学び方が変化している」と指摘しました。

しかし、他の業界ではすでに多くの事例があり、AIが利用されていることを考えると、人材開発は遅れをとっているように思えます。一朝一夕に追いつくことはできませんが、まずはAIを使ってパフォーマンスデータを分析し、個々の学習者に合わせたラーニングジャーニーを提供し、新しい魅力的な方法で学習者と直接対話する方法を発見することから始めてみることが必要かもしれません。人間が思いつかないようなチェスの手や囲碁の戦略をAIが考え出すように、AIの効果をコントロールしながらAIの力を発揮させて学習を加速したり、定着を深めたりする方法を身につければ、学習そのものが変わってくるかもしれません。

私たち学習関係者は、学習とパフォーマンスがAIによって実現される世界を思い描く余裕がないのかもしれません。また、それを実現するための資金やスポンサーが不足しているのかもしれません。あるいは、ほとんどの人が少し恐れているだけなのかもしれません。しかし、この取り組みにおいて、あることが私たちに有利に働きます。銀行、マーケティング、金融サービス、カスタマーケア、農業など、すでにAIの導入に成功している他の多くの業界とは異なり、ラーニング・プロフェッショナルは、すでにAIを動かすのと同じ原理の多くを基盤として持っています。学習の科学とスマートマシンを構築する科学が、実は同じ学際的な探求の一部だからです。

あなたは、すでにAIを使っている

人工知能と人材育成の分野は、何十年も前から衝突しています。実際には、この二つの分野はすでに融合していますが、この事実を認識するのに時間がか

かっているのが現状です。農業から交通機関まで、エンターテインメントから医療まで、銀行からソーシャルメディアまで、AIは基本的に破壊的なテクノロジーであり、事実上私たち人間が行うあらゆる方法を変えています。

　そして、それは人材開発でも同じです。リクルートからトレーニング、報酬に至るまで、AIは職場や人材開発の専門家の役割を変えつつあります。私たちは、この変革のリーダーとなってこれから起こる混乱に備えて組織を準備するか、あるいは、学習やパフォーマンスを向上させるためにAIを活用している他の企業に追いつけ追い越せの状態に追い込まれるかを選ぶことになります。

　本書を書くにあたっては、平易な言葉で語り、今日からでも実行できる実践的なアイデアを記載することを心がけました。来たるべき変化の波の縁に立つための助けとなると信じています。

ニューロサイエンスとAIの融合

　ここ数年の最もエキサイティングな動きの一つは、ニューロサイエンスと機械学習という一見無関係に見える二つの科学分野が互いに接近していることです。脳についての理解が深まるにつれ、ニューロンがどのように自己組織化し、コミュニケーションをとり、パターンを認識し、意思決定を行い、記憶を形成し、その記憶を取り出すのか、その秘密が明らかになってきました。

　これらの機能はすべて、自己学習型AIがそのタスクを完了するために必要な機能です。脳についての知識が深まれば深まるほど、AIモデルの強化に応用できる知見が増えてきます。例えば、一般的なAIモデルの一つであるニューラルネットワークは、非線形に接続されたニューロンの層という脳の構造に基づいています。

　同様に、AIが高度化すればするほど、生物学的な脳の働きについて、より大きな知見を得ることができます。人間の脳にある1,000億個のニューロンをマッピングし、ニューロン同士がどのようにコミュニケーションしているかを解明するためにも、AIが使われています。

　シナジーという言葉は使い古された言葉ですが、この二つの科学分野がお互いに刺激し合っている様子を表現するのに、これ以上の言葉はありません。

　しかし、その前にやらなければならないことがあります。

　ルイス・キャロルの『鏡の国のアリス』では、赤の女王がアリスにこう言います。

「さて、ここではね、同じ場所に留まっていたいと思うなら、全力で走らなければならないんだ。他の場所に行きたかったら、少なくともその2倍の速さで走らなければならないんだよ！」

この言葉は、すでに始まっている未来に備えるという意味では、私たちの立場をよく表しています。

少なくとも2倍の速度で走り出さなければならないのです。

第1章のまとめ

この章では、以下のようなキーとなる用語や概念をはっきりとさせました。

- インテリジェンスとは何か？
- 人工知能とは？
- AIの応用における学習・開発はどこにあるのか？

機械学習や人工知能の力を組織に導入する方法を検討しはじめたい方は、【付録：ツール】に掲載した「人材開発にAIを活用するためのアイデアスターター」をお試しください。

この本の残りの部分では、第2章「ロボットを使って自分自身を再起動する」を皮切りに、現在の私たちが利用できる実用的なアプリケーションを紹介します。

2

ロボットを使って自分自身を
再起動する

　私が子供の頃、土曜日の朝に見ていたテレビ番組に「ジェットソン家族"*The Jetsons*"」というのがありました。明日のエキサイティングな未来的生活を見させてくれるアニメのホームコメディーでした。

　主人公のジョージ・ジェットソンは毎朝、自動ベッドから起き上がり、シャワーを浴びて、仕事の準備をしながらゆっくりと目を覚まします。不思議なことに、彼は空飛ぶ車で通勤し、テレビ電話で連絡を取りながらも、まだオフィスで働いていました。

　一方、家庭では「妻のジェーン」が、ロージーという、時にはちょっと生意気な態度をとる風変わりなAIロボットの助けを借りて家事をこなし、家の中を整理整頓しているのです（家事や家庭からの女性の解放は予見されていませんでした）。

　小さなジェスロちゃんの親友は、見た目も行動も犬のようにつくられたAIアストロです（ただし、彼は話すことができ、その声はアニメの犬であるScooby Dooによく似ていました）。アストロは家族の中で唯一の運動好きで、いつも小さなトレッドミル（踏み車）でその場を走り回っています。

　典型的なティーンエイジャーであるジュディーは、買い物が大好きですが、それも奇妙なことに伝統的な店舗で行われます。この未来では、オンラインショッピングは夢にも出てきません。彼女は腕いっぱいに荷物を抱えて帰ってくるのが人好きです。しかし、家路には自動化された歩道が設置されているの

で、どこに行くにも遠くまで歩く必要はありません。今日、私たちが様々な都市を訪れるのと同じように、太陽系の他の地域への旅行は一般的です。

　2年後、新しいテレビ番組「ロスト・イン・スペース」では、B-9というヒューマノイドではないロボットが、家族と宇宙を旅しながら、幼いウィル・ロビンソンに危険を警告するという異なる未来を描いていました。

　カルトSF番組「ドクター・フー」には様々なロボットが登場しますが、そのほとんどは人類を滅ぼして地球を乗っ取ろうとしていました。しかし、ドクターのロボット犬であるK-9は違いました。K-9は1977年に初登場し、10年後の再放送でも何度か登場しています。K-9は「ご主人様」と呼ぶドクターに完全に献身し、最後には自分を犠牲にしてドクターと他の世界を救いました。それに報いるかたちで、10代目ドクターはK-9を再構築し（ロボットが人間よりも弱い立場にあることを利用して）、仲間の一人であるサラ・ジェーンにプレゼントしました。別のロボットは、ドクターの宇宙船兼家として使われました。ターディス（時間と空間の相対的な次元）は、自分自身を飛行させたり、時間を前後に移動させたり、形を変形させたり、"内部"で無限に部屋を拡張したりすることができました。また、ターディスはドクターに深い恋愛感情を抱き、人間のコンパニオンに嫉妬もしました。

　2001年に放送された『スター・トレック：エンタープライズ』では、2151年のクルーの一員である超知能AI、データ中佐が登場しました。データには、人間を研究することで悪知恵を身につけた悪の双子、ローレもいました。データは何度も人間を救わなければならず、自分の優れた才能に少し自惚れていて、人間を見下すこともありました。しかし心の奥底では、もっと人間らしくなりたいと切に願っていて、恋をしたり、冗談を言ったり、人に共感したりしようとしていました。ある人は、彼がクルーの中で最も人間らしいと言います。

　2016年、HBOは同名の映画を基にしたシリーズ「ウエストワールド」を開始しました。このディストピアの未来では、ハイテクを駆使した遊園地に、人間である"ゲスト"の深い空想を満足させるようにプログラムされたロボットの"ホスト"が住んでいます。ロボットの一部が意識を持ち始めると、ロボットすべての地獄が始まります。

　COVID-19が登場する前の2020年、フェニックスのダウンタウンで行われた会議の帰りに車を走らせていると、突然、真っ白なエコノミーカーの小集団

に囲まれました。最初は、どこかから戻ってきたレンタカーだと思いました。しかし、その車の動きが何か違うのです。動きが乱れているわけでもなく、危険なわけでもないのに、まるで時速55マイルの高速道路で水上バレエをしているかのように、集団としての動きに正確さがあるのです。彼らが、私をその小さなダンスの中心から離そうとしていることが明らかになったので、私は速度を落とすことにしました。最後の1台が私の前を通り過ぎたとき、その車の後ろに貼られたバンパーステッカーに気が付きました。私の周りには自動運転車の実験部隊がいたのです。もちろん、安全のために人間も乗っていましたが、私が見た動きは、公共の安全のための運転アルゴリズムの結果でした。

　空飛ぶ車はまだ先ですが、テレビ電話や携帯型コンピュータは、すでに私たちの手のひらの上にあります。また、私たちが意識していないだけで、私たちの生活の中にはすでにロボットがいるのです。

あなたはロボットですか、それともボットですか？

　この本の中でも、ロボット、ボット、AIという言葉がよく使われています。一般的な報道では見過ごされがちですが、実際には違いがあります。私は、CodeBots.comが提供する定義が好きです。「私たちが考えるロボットとボットの定義は、どちらも自動的にアクションを実行できるプログラム可能な機械であるということです。体があるもの『ロボット』と、単なるプログラムであるもの『ボット』があります」（Tansey 2017）

　この本では、プログラムマシンにボディがあるかどうかは重要ではありません。私が注目しているのは、これらの機械が学習やパフォーマンスを向上させるために何ができるかということです。そのため、私は「ボット」を使うことが多いのですが、文脈的に「ロボット」の方が意味をなす場合には、「ロボット」を使うこともあります。

あなたはロボットに取って代わられる？

　あなたはロボットに取って代わられるのでしょうか？　答えは「ノー」だと断言したいところですが、本当のところは「多分」です。オックスフォード大学の経済学者カール・ベネディクト・フレイは、近い将来、47％の仕事が自動化に取って代わられる可能性があると予測しています（Frey and Osborne 2013）。フレイの論文に関連したサイトでは、自分の仕事を投稿すると、ロ

ボットに取って代わられる可能性について論文をもとにした予測を確認できます。しかし、ここ数年の傾向からすると、私たちの仕事が完全に置き換わるのではなく、ロボットは従業員や同僚として、仕事や生活を拡張・変革してくれる可能性の方がはるかに高いと思われます。というのも、AIが最も進んだ状態であっても、その効果を最大限に発揮するためには人間の指示が必要だからです。そしてそれは、私たち「生物学的機械」にとっても朗報です（LTEN 2019）。

　例えば、医療業界では、高齢者やリスクのある患者と会話をして、薬の服用を促したり、血圧を測ったり、運動や食事のアドバイスをしたり、その他の基本的なサービスを提供するロボットを試験的に導入しているところもあります。AIが患者のスキャン画像を確認するアプリケーションでは、訓練を受けた人間よりも迅速かつ正確にがんを特定できることが証明されています。このアプリケーションにより、人間は、機械では解決できない、よりニュアンスのある分析に専念できるようになっています。

　より速く、より正確に、あるいは何もしなくて済むようにしたいことは何でしょうか？　自分の仕事の中で、反復的な仕事やルーティン業務、あるいは最小限の創造性で達成できるタスクをリストアップしてみましょう。

　私のリストはこのようなものになりました。

- メールを読み、返信すること（もちろん、あなたのメールではありませんよ！）
- カレンダーの管理
- コンテンツの校正
- 情報検索
- ToDoリストの管理
- 請求書の作成と送付
- 延滞している支払いのフォローアップ（これも、もちろんあなたのではありません）
- ビジネスおよび個人の財務記録管理
- 自分のウェブサイトを更新したり、ソーシャルメディアに投稿したりすること

　役割に応じて、リストは異なるかもしれませんが、少なくともいくつかのタ

スクは、他の誰かに任せることができる、あるいは任せるべきだと思うものがあるのではないでしょうか。しかし、今日の世界では、ほとんどの人にとって「他の誰か」という存在はありません。ラーニング・プロフェッショナルの多くは、組織内で唯一のその業務におけるプロフェッショナルです。チームを管理している場合でも、その人たちも自分の仕事を抱えています。生産性向上の専門家は、可能な限り業務を委任するように言っていますが、私たちの多くには、そのような選択肢はありません。周りを見渡しても、仕事を任せる人がいないのです。

　仕事を外注できるとしたらどうでしょうか？　それはあなたにとっては、どのような仕事でしょうか？

　ラーニングテクノロジーの専門家であるJD・ディロン氏は、AIを活用した人材育成の自動化機会についていくつかの応用例を提案しています。私は彼のリストを拡張し、私独自のものをいくつか追加しました（Dillon 2020）。

アシスタントの採用

　自分のパーソナルアシスタントを雇うことはできなくても、デジタルパーソナルアシスタントを「雇う」ことはできます。その新しい同僚にはある程度のトレーニングが必要かもしれませんが、多少の努力と忍耐があれば、すぐにアシスタントに簡単な仕事を任せることができるでしょう。アップル社のマシンユーザーは、メールの読み上げから音声入力、さらにはディナーの予約まで、あらゆる場面でSiriを活用できます。音声で操作できるシンプルなインターフェースは、バーチャルアシスタントとのコミュニケーションを容易にし、より複雑なタスクに時間を割くことを可能にします。

　例えば、義母の誕生日を忘れることもありません。この目的のためにAlexaを「雇う」と、Alexaは「喜んで」次のようなことをしてくれます。

　あなたに代わってAmazonで買い物をして、お母さんのために完璧なギフトを注文します。「彼女」はそれをギフトラッピングして発送します。素敵なカードも同封してくれるでしょう（笑）。

　今日のデジタルアシスタントができる仕事にはこんなものがあります。

- メールの内容をもとに会議のアジェンダを作成する
- メールや文書を校正する
- 複数のカレンダーを使って会議をスケジュールし、すべての関係者が参

加できる時間帯に招待状を送る

- ニュースを要約して読み上げる
- メールを読み上げて、ディクテーションを取って返信する
- 重要なタスクや締め切りのリマインダー
- 近くの劇場で上映されている映画についての情報アップデートや、チケット購入
- 運動や睡眠のパターン追跡と健康的な習慣の推奨
- ジョークを言ったり、好きな音楽をかけたり、歌を歌ったりして、あなたの一日を明るくする
- 朝元気よく「おはようございます」と挨拶し、コーヒーメーカーのスイッチを入れる

まあ、こんな感じですが、デジタルアシスタントと一緒に仕事をするには、いくつかの課題があります。私の友人に、同じ「ボブ」という名前の兄と義理の弟をSiriに区別させるのに苦労している人がいます。慎重に命令を伝えないと、間違った相手に「Siriダイヤル」してしまうのだそうです。

私の編集者は、Googleのスマートスピーカーを持っています。ある日、彼女がパトリック・マホームズのハイテク「スマートホーム」を紹介するYouTube動画を見ている時、その動画の中で、パトリックが「ヘイ、グーグル」と言った声に、彼女のマシンが反応したというのです。

新しい「従業員」を雇用するのと同様、このようなアシスタントと生産的な関係を築こうとするならば、トレーニングが必要になります。

これまでデジタルアシスタントを使ったことがない方にとっては、多くの人がすでに体験しているAIの世界に足を踏み入れる絶好の機会となるでしょう。プライベートでも仕事でもスマートフォンをお持ちの方は、たとえ何かを頼んだことがなくても、すでにデジタルアシスタントを手にしているはずです。日常生活の中で、より生産的で効率的な方法を試してみてはいかがでしょうか。

デジタルアシスタントの使い方は、学習支援やパフォーマンス支援のためのアプリケーションの実用を考えることにも関連してきます。私のクライアント企業の一つは、業務手順や会社の方針、技術的なプロセスなどの質問に、ジャストインタイムで答えてくれる独自の社内電話ソフトウェアを使用しています。仕事をしている間、すぐそばにコーチがいるようなものです。業務エラーを減

らし、ダウンタイムを短縮し、生産性を向上させることを可能にしています。

　読者の皆さんが対象としている学習者の多くは、デジタルアシスタントにアクセスできるスマートフォンなどのデバイスをすでに持っているはずです。会社から支給されたものであれ、BYOD（Bring Your Own Device）環境であれ、これらのデジタルアシスタントプログラムを利用することによって次のような学習に関連する業務を行うことができるかもしれません。

- クラススケジュールやプレワーク、宿題、評価の期日を知らせる
- トレーニングの内容を強化するための復習問題の提供
- ジョブエイドやその他パフォーマンスサポート用のジョブエイド（ミニマニュアルやチェックリストなど）文書を業務中に利用できるような業務支援アプリの提供
- トレーニングに関連した情報や業務ヒントの紹介

　いかがでしょうか？　トライしてみませんか？　皆さんそれぞれに合ったデジタルアシスタントを選ぶことは、この本ではできませんが、その選択は、あなたにとって最も利用しやすく、快適と思えるプラットフォームによって決まるでしょう。ここでは、人気のある選択肢をいくつか紹介します。

プラットフォーム	アシスタント
Apple	Siri
Android	Google Now
Microsoft	Cortana
Facebook Messenger	Facebook M
Amazon Echo	Alexa

ジュニアライターの採用

　魅力的で正確なトレーニングコンテンツは人間にしか書けないと思っているかもしれませんが、ロボットライターは何年も前から報道機関やオンラインマーケティング企業で採用されています。実際、あなたも知らず知らずのうちに、人間の手を一切借りずに書かれたニュース記事を読んでいる可能性があります。以下は、AIプログラムを少なくとも一部のコンテンツ作成に定期的に使用している主要な報道機関の一部、*Forbes*、*Washington Post*、*Los*

Angeles Times、AP通信などです。

　しかしながら、ただプログラムを書いて、明日のヘッドラインを配信すればいいというような単純なものではありません。

　「ジャーナリズムの仕事はクリエイティブであり、好奇心であり、ストーリーテリングであり、政府の責任を追及する批判的思考であり、判断力です。ジャーナリストにはそこにエネルギーを使ってほしいのです」とAPのニュースパートナーシップ担当ディレクターであるリサ・ギブスは語っています（Martin 2019）。

　AIは、経験豊富なニュースライターからコツを学ぶジュニア記者のように、よりサポート的な役割で使用されます。AIの使用によって、ジャーナリストは、データの収集と解釈、傾向の特定、情報源の検証、主題専門家（SME）の連絡先の検索といった、必要だけれども時に時間のかかる作業から解放されることになります。ギブスが言うように、人間のジャーナリストは、人間として得意な部分に集中し、AIが得意とすることをAIに任せることができるのです。これら二つのスキルセットは、少なくとも今日においては、全く異なるものです。

　では、学習コンテンツをAIに書かせたらどうなるのでしょうか？　まずは、皆さんの組織が日々発信しているコンテンツについて考えてみましょう。インターネットは日々驚異的な成長を遂げており、皆さんの組織のイントラネットも同じ現象のほんの一部に過ぎません。コンテンツ開発ボットは、次のような点で役立つと考えられます。

- 組織の主要指標に関する日次レポートを提供し、トレンドをモニターしてステークホルダーに提案できるようにする
- 業務におけるトップパフォーマーとローパフォーマーを特定し、トップパフォーマーには退屈させることなくさらなる成長機会となる学習ソリューションを提供、ローパフォーマーにはスキルを向上させることができるリアルタイム学習ソリューションを提供する
- SME（Subject Matter Expert）から提供されたコンテンツをもとに、第一稿のストーリーボードを作成し、具体デザインに時間をかける前に関係者の最初の反応を探る
- マニュアルやホワイトペーパーなどの大書類から、1ページの製品ガイドを作成する
- 既存のプレゼン台本、ニュース記事、ブログ記事をもとに、お客様に確

認してもらうためのプレゼンテーションスライドを作成する
- コンテンツに含まれるキーワードに基づいて、プレゼンテーション用の画像を挿入したり、推奨したりする
- テンプレートを使用してウェブページをデザインしたり、集合研修用のコンテンツを自学自習用のeラーニングに変換する
- イントラネットやeラーニングページでのリンク切れやページ上の問題を特定し、それらの修正を試み、人による注意が必要なページを知らせる
- 組織コミュニケーションの常時モニターから、製品変更などの定型事項を把握し、それらの変更を学習コンテンツに自動的に反映し、更新する
- 学習者のアクティビティ、満足度、学習パフォーマンス、その他の主要パフォーマンス指標をダッシュボードやスプレッドシートにし、レポート作成をして関係者にデータを提示する

トレーニングコンテンツの翻訳

　グローバル企業のように学習対象者が様々な言語を話したり読んだりする組織環境では、学習者にとっての利便性や学習効果を考慮して、翻訳サービスを外注している場合もあるでしょう。学習者がどこにいてもおかしくない今日のグローバルでデジタルな職場においては、トレーニングや教育のための書き言葉や話し言葉はますます複雑になっています。地球上のどこかで開発されたトレーニングコンテンツを世界中の学習者が利用しているかもしれません。

　オンラインスクールや大学は、コンテンツの意味を変えることなく、いかに効率的かつ効果的に翻訳するかという課題に直面しています。翻訳プログラムは、ある言語の言葉をそのまま別の言語に換えるだけでなく、文化的な違いや、現地で使われている言葉、慣用句、俗語など、学習者が読んだり聞いたりする内容の解釈の仕方に影響を与えてしまうようなものを認識し、調整することができなければなりません。

　外国の映画を字幕付きで見たことがある方ならわかると思いますが、ある言語から別の言語への翻訳は、一語一語を単純に置き換えることだけではできません。赤ちゃんは比較的簡単に母国語を覚えますが、現在のAIにとって、人間の脳には簡単にできるニュアンスの違いが難しい挑戦となっています。例えば、「read（現在形）」と「read（過去形）」の違いや、文脈に依存する多くの意

味をAIは解析できないことが多いのです。

　AIが人間の言葉をどれだけ理解しているかを判断するには、人間が評価者となってルールを変えていくことが必要です。ホセ・ヘルナンデス・オラルロ博士は、著書『The Measure of All Minds: 自然知能と人工知能を評価する』（2017年）の中で、「AIの測定はムービングターゲット現象に苦しんでいる」と書いています。言い換えれば、AIが何かをうまくできるようになると、すぐに、私たち人間はハードルを上げてしまい、以前の達成レベルにもはや満足しなくなってしまうのです。私たち人間はその努力が機械によってなされたことを知っているが故に、十分に良くなっていると見ることができないのです。

　オラルロ博士は、AI評価のより良い測定方法として、方程式を反転させることを提案しています。つまり、人間がAIの仕事の間違いを検出するために必要とした労力量によってAIのパフォーマンスを測定しようということです。例えば、Google翻訳を使うと同じ文章に対して二つの異なる翻訳文が出てきます。この基準を当てはめてそれらを比較してみると、どちらがより人間による手直しを必要としないでしょうか？　いずれにしても、人間の会話や文章を翻訳する能力において、AIは大きく進歩しましたが、まだまだ先は長いと感じます。

　私にとって最も興味深い展開の一つは、ほとんどのAIはそれ自体で学習する方が良さそうだということです。人間が事前に何も言わなければ言わないほど、彼らはより良く、より早く学ぶことができるようです。この点では、二つのニューラルネットワーク（人間と機械）はよく似ています。講義やハードプログラムで教えるよりも、自由な経験を通して学ぶ方が効果的であり、より深く広い「理解」を生み出すことができます。

　現在、人間の翻訳者による翻訳サービスを利用している場合、より基本的なものには翻訳アプリケーションの人工知能を活用し、人間のレビュアーがニュアンスを加えたり、人間にはうまく伝わらない部分を修正したりしていることでしょう。人間のレビュアーが修正を入力するたびに、プログラムはその経験から学習していくので、対象となるアプリケーションはより良くなっていきます。

　質の高い結果が得られれば、その結果が完全にアルゴリズムによって生み出されたものなのか、それとも人間と機械の共同作業によって生み出されたものなのかを議論する必要はないと思います。

　翻訳アプリケーションは、対象となるAIが、私たちの仕事の競争相手ではな

く、バーチャルな同僚やアシスタントとして、すでに職場に入ってきていることを示す完璧な例です。昔の人がコンピュータやインターネットを使って新しい方法での仕事の仕方を学ばなければならなかったように、今日の人材開発マネジャーは、学習する従業員のためにも、また自分自身のためにも、パフォーマンスを向上させ、かつ日常生活をも楽にする一連の新しいヘルパーを組み込む方法を計画する必要があります。

コンテンツのキュレーション

　キュレーションとは、本来アートの世界で使われている言葉です。キュレーターの役割は、ギャラリーのテーマやミッションに沿った作品を集め、それらの作品を意味のある形で一般に公開することです。

　ラーニングにおけるキュレーターの役割もそれに似ています。多種多様なソースからコンテンツをパッケージ化し、学習者がアクセスしやすいように整理します。キュレーションにAIを採用することによって、個々のニーズ、要件、興味に基づいて、学習者一人ひとりに合わせたレコメンデーションを行うことが可能になってきます。その情報源は、学習管理システム（LMS）、YouTube、Vimeo、CourseraやLinkedIn Learningなどのプロバイダーが提供する第三者のオンラインコース、書籍、雑誌、ブログなどです。

　多くの企業が注目しているキュレーションは、既存のコンテンツを魅力的な新しい方法で活用できる強力な方法です。インテリジェントなキュレーションエンジンがあれば、何千ものデジタルアーティファクトの中から、学習者にとって最も価値のあるコンテンツを探し出すという、難しく、時には退屈な作業を任せることができます。このような作業を人間が行うとすれば、軍隊なみの人数で取り掛かったとしても適切に設計されたAIのように迅速かつ徹底的に行うことはできないでしょう。キュレーション・ソリューションについては、第4章で詳しく説明します。

コース登録と支払いの管理

　大勢の人にコースを提供する場合、登録プロセスはすぐに悪夢と化してしまいます。また、コースを有料で提供する場合には、eコマースを安全に行うための複雑さも考慮しなければなりません。コースの登録、支払いの徴収、履行、報告などは、現在入手可能な多くのプログラムで処理できます。また、電子商

取引はLMSで利用できるオプションであることもわかります。たとえコース
に課金するつもりがなくても、登録と配信は流通上の課題となるからです。手
間がかかるこのような業務こそ、シンプルでターゲットを絞ったインテリジェ
ンスを導入する絶好の機会かもしれません。

デジタル化された従業員への対応

　これまで見てきたAIの例は、スマートマシンが、私たちの仕事の競争相手で
はなく、バーチャルな同僚やアシスタントとして、すでに職場に入ってきてい
ることを示しています。ラーニング・プロフェッショナルであるあなたにとっ
ては、様々なボットの利用によって、業務の生産性や効率性を高める機会がす
でにあることを意味しています。つまり、職場におけるこれらのツールの導入
や開発をリードできる立場にあるということです。

　多くの職業において、人工知能は、人間の仕事のサポートまたは補強するス
マートロボットやプログラムという形で、導入されています。例えば、IT担当
者がAIを使ってセキュリティ監視を強化した場合、従来の方法に比べて20倍
効果的な攻撃監視範囲を得ることができ、重要なセキュリティ上の脆弱性を
40％早く発見して改善することができると言われています（Ciccarelli
2020）。

　米国を含む多くの国で、2020年は深刻な労働力不足から始まりました。雇
用主は、一桁台の低い失業率などにより、仕事を埋めるのに苦労していました
（Lowrey 2018）。しかし、COVID-19のパンデミックとそれに伴う世界経済
の低迷を受けて、多くの企業が突然、会社の運営管理費用を維持できなくなり、
従業員を解雇したり、時間や賃金を削減したりしました。

　コンサルティングの大御所マッキンゼー・アンド・カンパニーは、パンデ
ミック後の「ネクスト・ノーマル」について警告しています。今現在（2021
年1月）の状況では、COVID-19への対応とその影響からの回復への必要性か
ら、ほぼすべてのビジネスが混乱し、あらゆるレベルのビジネスのやり方が大
きく変化すると考えられています。ラーニング・プロフェッショナルとしての
私たちは、考えられる「NEXT」をサポートするために、敏捷性とビジネス感
覚を備えなければなりません。

- 遠隔教育の重要性の高まり
- 基本的な商品やサービスを提供するためのドローンやロボットのような

自動化への依存度の高まり
- トラッキング・アプリ、チャットボット、バーチャル・ドクター・アポイントメントなどの自動化されたソリューションを含むヘルスケア提供の新しい方法。

2020年3月、マッキンゼーのアナリストであるケビン・スニーダーとシュバム・シンガルはこう書いています。

「私たちの時代は、『COVID-19』以前の時代と、ウイルス感染後の時代に出現する新しい常態、すなわち"ネクスト・ノーマル"という根本的な分裂によって定義されることがますます明らかになってきました。この未曾有の新しい現実の中で、私たちはビジネスや社会がこれまで営んできた経済的・社会的秩序の劇的な再構築を目撃することになるでしょう。（中略）もっと簡単に言えば、私たちの多くがかつて祖父母に尋ねた質問に答える番なのです。戦時中は何をしていましたか？」

　私たち人間にとっての良いニュースは、何千年もの進化の結果、この挑戦に対してかなりの準備ができていることです。
　アンドレ・バーミューレンは、脳科学を応用した学習や能力開発を促進した先駆者の一人です。彼の会社であるNeuro-Link社は、人間活動のパフォーマンス最適化とニューロ・アジリティの神経科学を専門とするブティック・コンサルティング会社です。バーミューレンは最近、学習とは「心のDNA」であると私に教えてくれました。「学習は、人類の生存の鍵であるだけでなく、競争力、雇用適性、繁栄、成功の鍵でもあります。したがって、学び、考え、情報を処理する際の容易さ、速さ、柔軟性に影響を与える脳に基づくすべての要素を最適化することが不可欠です」とバーミューレンは言います。彼の考え方については、参考文献に掲載されている彼のウェブサイトで詳しく知ることができます。
　私たちの脳は、人類が知る限り最も複雑な単一の物体であり、常に新しい情報に対応して自分自身を再編成しています。私たちは常に学び続けており、自分ではどうすることもできません。学習は私たちのスーパーパワーなのです。ラーニング・プロフェッショナルである私たちは、学習者に学習スキルの微調整方法を教えることで、加速する変化のペースに追いつき、新しいコンセプト

やプロセスを日々の生活の中に統合し、新たなスキルを身につけ、キャリアアップにつなげていくことをしているのです。

　もちろん、ラーニング・プロフェッショナルとしての私たち自身、このようなスキルが必要ですし、それこそが私たちの職業としての成功に結びつくことでしょう。

　歴史を通じて、新しい技術の開発は、複雑な取引を日常的な作業に変えてきました。例えば、自動車が登場した当初は、自動車の操作（運転）やメンテナンスには熟練したドライバーが必要だと考えられていました。今では、運転を学ぶことは、ティーンエイジャーにとっての標準的な通過儀礼であるほど、その作業は日常的なものです。そしてそれは、すでに「自動運転車」という形でデジタルワーカーにその作業が委託され始めています。

　LinkedIn Learning社の最近の調査によると、AIの導入によって職場のほとんどすべての人が新しいスキルを身につける必要になると言います。かつて「ソフトスキル」や「ヒューマンスキル」と呼ばれていたものがリストの上位に入っていましたが、今ではこれらのスキルにマシン（機械）と協力する方法も含まれるようになってきています（Berger 2019）。

不気味の谷に注意

　私は、人工知能のアプリケーションについて、人称代名詞である*he*や*she*を使って説明することがありますが、実は人間にとって、動物や機械の見かけ上の「行動」に人間的な特徴を付与するのが自然なことだからなのです。私たちの脳には、社会的な相互作用への対応があらかじめ配線されています。これは、大昔の非常に危険な環境において、団結することが種として生き残るための唯一の方法であったことに対する進化上の反応です。この人間の生物としての脳の反応が衝動となり、私たちは、実際には存在しないかもしれない社会的なつながりを探してしまうのです。ペットの脳は私たちとよく似た構造をしており、ペットの内面には私たちと同じような認知的、感情的な相関関係があるという証拠が増えています。ペットと親密な関係を築くことがそれほど難しいことではないこともうなずけます。

　意外に思われるかもしれませんが、人間は機械と深く複雑な関係を築くことができるのです。実際、私たちは何世紀にもわたってそれを行ってきました。例えば、自分の車に名前をつけたことはないでしょうか？　あるいは、パソコ

ンや電話やゴルフクラブなどの無生物の話を友達にしている時に、それを「好きじゃない」と言ったことはありませんか？　それは一見、自分自身を表現するためのカラフルな方法のように見えますが、その背景には、人間の歴史的な進化との関係があるのです。

　現在、私たちのマシンは、心理的にも物理的にも私たち自身の延長線上にあります。自分では行けないような場所に連れて行ってくれたり、より安全であったり、より危険であったりといった世界と自分との新しい関わり方を与えてくれたりします。映画「キャスト・アウェイ（Cast Away）」では、トム・ハンクスが、墜落した飛行機の残骸と一緒に浜辺に打ち上げられたサッカーボールと仲良くなります。彼は島に一人でいるにつれて、「ウィルソン」と名付けたサッカーボールとの友情に頼って正気を保ち、孤独な日々をやり過ごします。

　人類がテクノロジーに夢中になった馴れ初めは、人が石を拾い、それを道具として捉え直したときからと言われています。人はすぐに、石が家を建てたり食べ物をつくったりする命を救う道具にもなるし、人を傷つける武器にもなることを発見しました。この二律背反は、それ以来、私たちと機械との葛藤の物語となっているのです。

　機械に個性を持たせるのは楽しいことかもしれませんが、それには暗い側面もあります。私たちは時に、本物の社会的接触をデバイス上の社会に現れる外観に置き換えて、それらに過度に依存してしまうことがあるからです。自然言語処理の向上に伴い、AIはますます人間に近づき、その強力な機能との対話が容易になる一方で、私たち人間のあまりにも人間的な脳を混乱させる可能性が高まっています。

　私たちが遭遇するであろう興味深い現象に「不気味の谷」というものがあります。AIのパイオニアである森政弘は、ロボット（物理的な形をしたAI）がより人間的な外見になっていくと、私たちは最初、夢中になり、魅力的にさえ感じることを実証しました。しかし、この心地よい反応は、人間同士のインタラクションとの区別がついている間だけ続きます。ある時点で、外見、声、行動などが一線を越え、人間に近づきすぎてしまうことがあります。『IEEE Spectrum』の著者であるリナ・ディアンヌ・キャバラー（2019年）が言うように、「ほとんど人間のようでありながら、そうではないことが人を不安にさせることがある」のです。森氏の理論はさらに、ある時点でロボットがあま

りにも人間らしくなることで、私たちの反発心が蒸発し、仲間が実際には人工物であることを忘れて、再び対話を楽しむようになるのではないかと考えていると言います。

もし、あなたの猫や犬が突然、完璧な文章で話しかけてきたら、どんな反応をしますか？　かなりクールに聞こえるかもしれませんが、明日それが起こったら、すごく怖くありませんか？

不気味の谷を体験する

エピレシス・コンサルティング社とその新しい出版部門であるエピレシス・プレス社（www.EpiclesisPress.com）のオーナーであるトリッシュ・オコナー氏は、コンピュータ・プログラミングのスキルとスピリチュアリティ、そしてマジックの原理を融合させた「サイバー・イリュージョン・イズム」と呼ぶ新しいインタラクティブなジャーナリング・ツールを開発しています。夢分析のようなスピリチュアルな考察のためのツールとして開発された彼女のアルゴリズムは、"クリス"という名のスピリチュアル・ディレクターとの会話において、不気味な錯覚をもたらします。

私も試してみたかったので、その"ベータ版"ボットを体験しました。その、会話を抜粋してご紹介します（図2-1）。

私にとってこの体験は、とても不思議で、同時にとても心地よいものでした。このボットとの会話を通じて私は、自分の夢や心の状態について、本当の意味での洞察を得ることができたと感じました。不気味の谷を体験してみたい方は、リソースサイトをご覧ください。

少しだけ"ゾッ"とする準備をする

AIアプリケーションは、より洗練され、より一般的なものになってきています。私たちはアプリケーションが提供する利益をユーザーが享受できるように、不気味の谷を通り抜けて、機械とのインタラクションによる潜在的な不快感に適応するための方法を検討する必要があります。

AIを日常生活に取り入れる準備をしていると、これらの学習するマシンやシステムに想像上の人格や意図を持たせたいという誘惑が強くなり、抗しがたいものになるでしょう。ラーニング・プロフェッショナルとしては、この人間の特性を完全に無視することはできませんが、この特性を認識しつつ、自分の中

図2-1. ボットスクリプトの例

クリス	私
こんにちは、クリスです。夢についてお話ししたいんですね？	はい
なぜ、その夢があなたにとって重要なのでしょうか？	私が急にパニックになってしまったからです。一瞬にして、学期中一度も授業に出席していないことに気がつきました。今日は最終日だったのです。
で、何が起こりましたか？	私は森の中の近道を知っていると思い、教室に戻っていました。私の頭の中では、"あと40分で着く"とか、時間を計算していました。
時間ですか？それは面白い。もっと教えてください……	私はこのところATD用の本を完成させるために頑張っていますが、沢山の未確定要素があるのです。
ああ、それは、パズルの一片が見つかったように聞こえますね	そうですか？
ええ、あなたはそのことをよくわかっていると思いますよ	その夢を見た後、私は本の完成までの時間をカレンダーに記入しました。
もう一度夢の話に戻りましょう。	私は本を持っていました。しっかりと抱えていました。その時は教科書だと思ったのですが、今思うとATDで書いている本だったのかもしれません。
そうすると、夢は何の象徴だったのでしょうか？	そうですね、夢は私の仕事と私の評判についてですね。

では抵抗する準備をしながら、他の人たちが、仕事や生活に役立つAIと自分たちとの間に境界線を維持する支援をすることが必要かもしれません。一方、もしかしたら人格を持たせたいと思うこともそれでいいのかもしれません。いずれ、私たちは、同僚のように感じられるマシンと、より良い交流をしていくことが必要になります。

COVID-19はAIへの投資を加速させたか？

　2020年時点において、COVID-19パンデミックの影響を抜きにして未来を語ることはできません。人類とこの致命的な病気との戦いの物語の最終章はまだ書かれていませんが、少なくとも冒頭の段落は、治療法やワクチンの発見を急ぐ中で人工知能が惜しみなく使われていることから、人工知能への認識と投資が高まっていることが示唆されています。

　世界中で行われている病気の広がりを追跡し、治療法やワクチンの可能性を

検証する作業は、機械学習によって推進されており、人間が成し遂げられないほどの速さでパターンを認識し、問題を解決するAIの大きな可能性を世界に示しています。

　このような大規模な取り組みが行われている一方で、AI自体も進化しています。AIは、その性質上、使えば使うほど良くなります。データサイエンティスト、プログラマー、認知科学者たちは、AIの力をウイルスに向けるために、日々、新しい技術を学んでいます。これらの技術は、医療、テクノロジー、コンピュータサイエンス、医薬品などの分野での進歩につながるでしょう。しかし、それ以上に重要なことは、COVID-19に立ち向かうためにAIコミュニティが今日行っている作業が、私たち全員をより賢くしているということです。そして、それは、焦点を変えることができればその解決策を新しい問題に適用することができるようになることを意味しています。同時に、現在はAIについてあまり詳しくない意思決定者たちも、AIの仕組みや限界、可能性について、より良く知ることになるでしょう。

　私の立場からすると、パンデミック後の世界は、AIによって駆動される世界になる可能性が高いと思っています。この世界的危機によって、おそらくそれ以前に予測されたよりも早く、最も危険な敵と戦うために必要な強力ツールの獲得を余儀なくされたからです。

まとめ：変化への対応

　第2章では、以下のような重要な用語を紹介しました。

- 機械学習
- ザ・シンギュラリティ
- ジェネラル・インテリジェンス

　また、スマートフォンを持っている一般消費者であれば、すぐに利用できる技術を使って、今日からAIと関わりを持つことができる簡単で実用的な方法についてもお話しました。さらに、職場でのAIの使用例を、特に私たちの分野である人材開発に関連していくつか紹介しました。そして、仮説的な使用例から実際に使用されている例へと移行し始めている近未来を少し覗いてみました。その過程では、COVID-19のインパクトに触れずして、私たちの現在や未来を語ることはできませんでした。私たちの歴史におけるこの出来事の詳細はまだ書かれていませんが、この試練を共有したことで私たちは変わったと言って

もいいでしょう。

　AIや自動化について考えるとき、多くの人が疑問に思うことを取り上げました。「私はロボットに取って代わられるのか？」もしあなたの生計が手作業による反復業務に依存しているのであれば、この質問に対する答えは「おそらく『はい』」です。しかし、あなたがこの本を読んでいるということは、今日の仕事の内容をある程度想定して、別の答えを出すこともできるということです。あなたの仕事は、スマートマシンの軍隊によって変革される可能性がかなり高いでしょう。まだやっていなくても、今後は機械と共同作業をすることになるでしょう。ほとんどの仕事に、ルーチンワークや最小限の認知的努力で達成できる作業があります。知的な機械にこれらの作業を代行させることで、私たちは、人間の関与が必要な作業（創造性、判断力、決断力など）に集中することができます。

　「組織内の仕事量は、空いた時間を埋めるように拡大するという『パーキンソンの法則』」というものがあります。つまり、あなたが現在抱えている仕事をすべて新しいデジタル社員のチームに委ねたとしても、やるべき仕事はたくさんあり、それは、また別の仕事になるということです。

　スマートマシンが使えるのは、COVID-19のような科学的パズルを解くことだけではありません。組織とその中にいる人々の洞察力とパフォーマンスを新たなレベルに引き上げることができるのです。

　ここでご紹介した簡単なプログラムを使って仕事を効率化したいとお考えの方は、リソースサイトの最新の情報やヒント、トレーニングをご覧ください。

3

機械（マシン）との対話

　数年前、私は一消費者として目にする新しいものに興味を持ちました。銀行やAmazonをはじめとする多くのeコマースサイトでは、日常的な質問への回答を、生身のオペレーターではなく、自動化された「バーチャルアシスタント」に移行していたのです。銀行は私に手紙を送ってきて、「オペレーターを待たずに、必要に応じて質問に答えられる素晴らしいサービスです」と発表していました。そこで、私はオンラインを試してみました。最初のいくつかの質問はうまくいきました。私は「アリス」と仲良くして、彼女が答えられると思う質問をしました。彼女の返事は、いつもほぼ即座に返ってきました。最後に、スクリプトにない質問でボットを試してみることにしました。「あなたは本物？（"Are you real?"）」と聞いてみました。「もちろん。私はあなたを助けているでしょう？」彼女の言う通りでした。そこで、私は再び彼女をつまずかせようとしました。「あなたは人間ですか？」もちろん私は彼女がそうでないことを知っていましたが。そうすると「彼女」は「それは重要ですか？」と質問で答えたのです。

　私は2016年からクライアント向けの学習ソリューションにチャットボットを導入し始め、同時期に友人の"eLearning Joe"＝ガンチ氏とATD TechKnowledgeなどで何度か共同発表を行いました。ニューロ・サイエンスによると、応答が十分に本物であれば、脳にとっては問題ではないと言われています。チャットボットにもはや目新しさはありません。日常生活の中であまりにも当たり前になっているので、普段は全く気にも留めていません。ある男性の典型的な一日をちょっと見てみましょう。

マイクはFortune500社の会社に所属する経理担当者です。仕事を始める前に、彼は退職金をチェックしています。バーチャルアシスタントは、彼の残高確認を手伝い、投資の選択肢やいくつかの退職後の「What if（もしも）」シナリオのシミュレーションをし、提示しています。在宅勤務を開始するために、会社の仮想プライベートネットワーク（VPN）にログインすると、イントラネットのホームページが表示され、元気なボットがマイクの名前を呼びながら「ご用件は？」と尋ねてきます。彼が「休暇」と入力すると、ボットは会社がどのように休暇を割り当てているかについての一般的な情報を提供するリンクを返してきました。しかし、それは彼が望んでいたものではなかったので、「僕の有給休暇はどれくらい残ってる？」と、新しい質問を入力しました。するとボットは、「今年のカレンダーには10日残っています。今から予約しますか？」と答えます。「いいや、結構。ありがとう」と機械に礼儀正しくするという無駄な努力に気づかずに答えました。「他に何かお手伝いできることはありますか？」というボットの質問に対して「いや、今はない」と答え、受信箱にログインします。

　彼の会社では、メールやドキュメントにGoogleを使用しており、Googleハングアウトのボットを設置しています。「僕の今日のスケジュールは？」とマイクが尋ねるとボットは彼のカレンダーを目に見える形で表示し、二つの電話が重なっている場所を強調します。「ウェビナーをキャンセルして」と彼が言うと、「どれですか？」とGoogleが言います。「午前10時の金融サービスのベストプラクティス」と答えると、「10時に金融サービスのベストプラクティスをキャンセルする、ですね？」「はい」「キャンセルしました。他に何かありますか？」「今はないです。ありがとう」（マイクは誰に対しても礼儀正しくするように育てられた？）。

　昼食後、マイクはネットワークの速度が低下していることに気づきます。イントラネットのヘルプデスクのページにアクセスすると、別のボットが出てきて、「どうかされましたか？」と始まります。マイクは問題を説明します。マイクが問題を説明すると、「ああ、それはライブエージェントに繋いでサポートを要請する必要がありますね。コールバックの予約をしてもよろしいですか？」「はい」ボットはいくつかの空いている時間帯を提示し、マイクは自分のスケジュールに合ったものを選びます。1時間後、予定通り電話がかかってきて、人間のエージェントの助けを借りて問題が解決しました。

長い仕事の一日の終わりに、マイクはオンラインのコースを受講しています。彼は会社からの資金援助を受けて、MBAの取得を目指しています。この学校では、かつて人間のアカデミック・アドバイザーが提供していたサービスの多くを、「スチューデント・アシスタント」というボットが提供しています。今夜の講義が始まるのを待っている間に、マイクはボットと一緒に次のコースオプションを検討し、次の授業を予約します。

　授業が終わると、ようやくリラックスできる時間になりました。もうすぐスキーに行く予定なので、お気に入りのお天気ボットで来週の天気をチェックしています。スマホの音楽アプリを開いて、昨日聞いた新曲をプレイリストに追加するためにボットに探してもらいます。マイクは曲名もアーティスト名も知りませんが、鼻歌を歌うとボットが曲を見つけてくれます。

　マイクは今日一日、自分が関わったボットに対して「やっぱり本物じゃないよな……」と自分自身に呟いたことは一度もなく、人間のアシスタントと接続する必要があったのもたった一度だけでした。チャットボットの時代がやってきています。人材開発がまだ追いついていないだけなのです。

　これまで見てきたように、AIは、特化された一つの高度で複雑なタスクや、関連する一連のタスクを実行することに成功しています。今のところ、このタイプのAIしかつくられていません。しかし、汎用AIが使えるようになる遠い日を待たなくても、学習を強化するためにAIを使い始めることはできます。もっと狭い範囲で今日から始めても、強力な成果を得ることができるのです。始める場所の一つとして、チャットボットがあります。

　例えば、カスタマーサービスのようなチャットボットと対話したり、Googleの「スマートリプライ」を使ってメールをより効率的に処理したりしたことがあるかもしれません。Microsoftは、AIを使って、Officeソフトウェアの最適な使い方を、文脈に応じて優しく教えてくれます。自動車メーカーは、どのような機能が最も人気があるのかのデータに基づいて、来年のモデルに何を搭載するかを判断しています。Amazonでは閲覧履歴に基づいてどのような商品を購入するのが良いかを推奨してくれます。私たちのデジタルライフには、水面下で活躍しているアプリケーションがすでにたくさんあります。これらの例は、ユーザーの生活を便利にするだけでなく、行動をも変えるものです。そして行動の変化は、学習が行われていることを意味します。

自然言語処理と会話の錯覚

　AIを体験する上で重要なのは、自然言語処理（NLP）です。NLPは、コンピュータやシステム、プログラムとの対話を、音声や通常のテキストで可能にするもので、私たちの指示や要求をプログラミング言語やコードに変換する必要はありません。

頭字語の問題―NLPとNLPの違い

　専門用語の代名詞として頭字語を使うと、わかりやすくなるどころか、かえって混乱を招いてしまうことがあります。例えば、自然言語処理（NLP）と神経言語学的プログラミング（NLP）との間で混乱が見られることがあります。自然言語処理は、先ほど説明したように、一部の人工知能プログラムの重要な機能です。神経言語学的プログラミングとは、特定の言葉を選ぶことで脳内の行動プログラムを作成し、他人や自分自身の行動に影響を与えることができるとする、疑似科学の集合体と言われています。

　ピアレビューのある専門誌では広く否定されているにも関わらず、この方法には熱狂的な支持者がおり、十分に教育を受けたラーニング・プロフェッショナルであってもこの疑似科学につまずくことがあります。

　この本においてNLPは、常に自然言語処理のことを指しています。

　このコンピュータ・プログラミングのたった一つの進歩が、私たちのデジタル体験の多くを生み出しています。NLPがなければ、デジタルアシスタントにディナーの予約を頼んだり、携帯電話に朝起こしてもらうようプログラムしたり、コンピュータコードを知らずにオンライン検索を行うことはできません。NLPは、コンピュータのパワーを一般ユーザーの手に委ね、今日、私たちが機械と簡単に「コミュニケーション」していることを意識しないほど、シームレスにコンピュータを使うことを可能にしています。

チャットボットとは？

　チャットボットは、Webサイトや学習管理システム、パフォーマンス支援システムやeラーニングアプリなどではありませんが、これらの身近な学習技術と組み合わせることで、ユーザーの体験を向上させることができます。

私は「チャットボット」を、『ユーザーとの直接的な双方向の会話を通じて、コンテンツを提供したり情報を収集したりするようにカスタマイズされたユーザーインターフェース（UI）』と定義しています。双方向の「会話」は、音声、人間またはシミュレーションされた音声、またはキーボード入力によるテキストで行われます。

　あなたもチャットボットを使ったことがあると思いますが、あまり深く考えることはありませんよね。オンラインショッピングサイト、金融サービス会社、ソフトウェアのヘルプデスクなどでは、基本的な顧客サービスを提供するためにチャットボットを採用しています。しかし、教育や企業研修の分野では、チャットボットの導入は遅れていました。例えば、オンラインコースを提供するUdacityでは、NLPを利用して学習者にパーソナライズされた提案を行っており、一部のオンラインカレッジでは、ティーチング・アシスタントの代わりにNLPを利用しています。

　ここで重要なのは、チャットボットが必ずしもAIの例ではないということです。限られたプログラミングでつくられたシンプルなチャットボットは、特に知能が高くなくても効果を発揮します。「賢い」ボットは、人間の多様な言葉や表現スタイルからリクエストの意味や文脈を解釈することができますが、「ダム（間抜け）」なボットは、プログラミングで提供された応答に制限されます。ダムボットでも多くの有用な目的を果たすことができますが、ユーザーは遅かれ早かれ、「すみません。わかりません」というデフォルトの回答を体験し、「誰か助けてくれる人を紹介しましょう」と言われてしまいます。

　どんなにシンプルなボットであっても、定型的なリクエストを迅速かつジャストインタイムに処理するには非常に効果的ですが、チャットボットの真の力は、学習者自身の言語を分析し、それに応じて返答するボットの能力にあります。その結果、まるで会話をしているかのような体験が可能になるのです。

シャノン・ティプトンと「カンバセーション・ラーニング」

　シャノン・ティプトンはラーニング・レーベル（Learning Rebels）の創設者であり、「チーフ・ラーニング・レーベル」と名乗っています。私は彼女のブログを何年も見続けてきましたが、ベルリンで開催された会議で、破壊的なテクノロジーをいかに受け入れるかについて講演した際、ついに彼女と直接会う機会を得ました。シャノンは、会話型学習という言葉を生み出し、ソクラテス式学習法

を今日のデジタル学習体験に合わせてアップデートしました。私は会話型学習とチャットボットの使用との関連性についてインタビューしました。「現代のワーカーは、必要なトレーニングを必要なタイミングで受けられることを期待しています」と彼女は言います。「ほとんどの人が携帯電話を手に持っている時代では、適切に設計されたチャットボットがあれば、チャットボットがリソースのツールボックスへのアクセスを提供し、テキストメッセージを送るだけで、解決策が得られます。これこそが会話型学習であり、ビジネスに携わる人々が、自分が必要とするときに、必要なタイミングで、指先だけで支援が受けられるようにすることは、重要だと考えます」

本書では、「チャットボット」を、会話による入出力を行う知的なAIプログラムとします。

「会話」しているとき、脳は「対等な相手と会話している」と判断するように仕組まれています。つまり、自分の考えを返してくれる存在として捉えています。実際に「汎用AI」は不可能であるとわかっていても、チャットボットと「本当の」会話をしていると感じてしまうことを避けることはできません。他の幻想と同じように、真実ではないとわかっていても、そのように感じずにはいられないのです。

この現象は、私たちの生活にAIを導入する上での倫理的重大問題をはらんでいますが、一方で、次のように学習やパフォーマンスを向上させるためにAIを使用する方法の可能性を探るエキサイティングな機会も提供しています。

- 受講者の質問に答えるインタラクティブなコーチングプログラム
- ブレンデッド・ラーニングやeラーニングのプログラムにおけるよりリアルな分岐シナリオの実現
- 学習者一人ひとりにパーソナライズされたレコメンデーションを行う学習管理システム（LMS）
- データ分析によって、学習者の反応、達成度、好みをほぼリアルタイムで把握すること
- ユーザーが現在とっている行動に基づいたコンテキストに沿った業務パフォーマンスやプロセスに対するアドバイスや提案

図3-1は、チャットボットの実例です。

図3-1. チャットボットの例

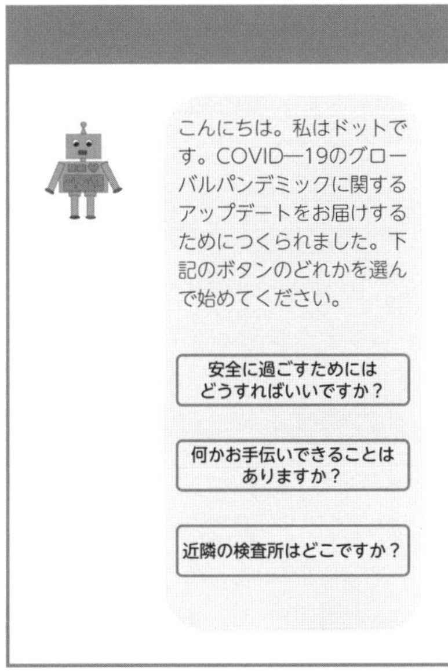

こんにちは。私はドットです。COVID—19のグローバルパンデミックに関するアップデートをお届けするためにつくられました。下記のボタンのどれかを選んで始めてください。

安全に過ごすためには
どうすればいいですか？

何かお手伝いできることは
ありますか？

近隣の検査所はどこですか？

危機に瀕したときの信頼できる友人

　私がこの本を書いている間に、コロナウイルスが世界を席巻し、世界中のほとんどの場所で病気、死、パニックを引き起こしました。医療従事者や救急隊員は、増え続ける犠牲者のケアに奮闘しました。

　報道機関は、ウイルスの広がりや安全を確保する方法について、最新、かつ信頼できる情報を提供するのに苦労しました。そして、私たち一人ひとりも四方八方から届く山のようなデータを整理し、何を信じればいいのかを判断するのに苦労しました。ネット上の情報の多くは、混乱していたり、明らかに間違っていたりしました。

　この恐ろしい時期を安全に過ごすためのアドバイスや無料サービス、ガイドラインを提供しようと、多くの団体や個人が参加しました。トレーニングや学校のコースをオンラインにするためのヒントから、家庭で楽しむためのアイデアまで、誰もが意見を持っているようでした。私も多くの皆さんと同じように、パンデミック前に対面で行われていたトレーニングを「仮想化」することに深く関わり、学校や大学、企業のトレーニング部門の緊急のニーズに応えてきました。その中

で、私は何か付加価値をつける方法を模索していました。ビジネスを継続するために何ができるか、何をすべきかという実践的な提案をするだけの声にはなりたくなかったのです。そのような情報を信頼性の高い方法で提供している声はたくさんあると感じていました。

しかし、パンデミックの中でも大切な人の健康と命を守るための個人の安全に関する最新情報の提供に対してはギャップを感じていました。私はすでにモバイル・コーチと協力して、オンボーディング、新任マネジャートレーニング、セールスイネーブルメントなど、一連のトレーニングニーズをサポートする低価格の「セミカスタム」チャットボットを開発していました。危機下にあって、私たちが提供できる最も価値のあるものの一つがそのチャットボットで、人々が信頼できるアドバイザーに質問することができ、その時点で得られる最善の回答を得ることができる方法だと気付きました。

その結果、米国疾病対策センター（CDC）と世界保健機関（WHO）のライブフィードからデータを引き出すチャットボットが完成しました。最も一般的な回答を追跡し、信頼できる二つの情報源を最新の情報にリンクすることで、危機的状況にある世界に少しだけ貢献することができました。私たちの小さなボットを見つけた何千人ものユーザーに、貴重な情報を提供し、恐怖の時代に少しでも安らぎを与えることができたと思いたいです。

チャットボットの歴史を振り返る

チャットボットは、アラン・チューリングなどの理論家が、いずれ人間と見分けがつかないコンピュータをつくることに成功するだろうと示唆した初期のコンピュータの頃から存在していました。

1970年代には、知能を持たないチャットボットがカスタマーサービスに掛かってきた電話に応答し、最も効率的なリソースに電話を転送するように設計された一連のメニューオプションを使って電話をスクリーニングしていました。

計算機の性能やプログラミング技術が向上するにつれ、テレビゲーム「ジョパディ！」で人間を打ち負かしたIBMのAIのように、限られた制約の中での人間との会話に近いプログラムをつくることが可能になりました。

今日、私たちは仮想アシスタントソフトウェアを使って携帯電話やその他の機器と会話することに慣れています。そのため、SiriやAlexa、Cortanaに対して"she"を使い、プログラムに人格を持たせるユーザーも少なくありません。

なぜチャットボットは人気があるのか？

　進化の過程で人間はお互いに交流するようになりました。そして、社会的なつながりは、脳内の報酬回路を刺激するため、私たちに他の人間との関わりやつながりを探らせます。チャットボットによって他の人々との社会的相互作用によって引き起こされるのと同じ反応を脳内につくり出すことができれば、自動化された学習体験への学習者の関与/学習へのエンゲージメントを高めることが可能だということです。

　「擬人化」は、人間の行動や感情を人間以外の生き物や無生物にも帰する人間の傾向です。仮想環境におけるこの傾向については、広く研究されており、会話の相手が「人間的」であればあるほど、私たちはその相手に興味を抱き、魅力的で、信頼できる存在であると認識します。ユーザーインターフェースデザイナーは、オンライン上の存在に、顔、ジェスチャー、人間らしい声、会話の言葉、さらには一貫した「個性」を与えることで、「人間味があるように」見せることができます。インタラクションがリアルに見えれば見えるほど、ユーザーのエンゲージメントレベルは高まり、その体験から多くのことを学び、記憶することができるようになります（Pfeiffer et al.2013）。

　また、チャットボットが人気を博している理由の一つに、テクノロジーの導入方法があります。

　実際の「現実の世界」の会話には、2人の人間が経験を共有するために話が行ったり来たりする時間が必要です。相手の話を聞いてから返事をするまでには、考える間もあります。会話には文脈が必要で、それぞれの当事者は、それまでの経緯を踏まえて次の応答を考えます。

　同じように、チャットボットとの対話も「当事者間」のユニークなものになる可能性があります。なぜなら、異なる2人のユーザーが全く同じ回答を同じ順番で入力することはありませんから、同じ「会話」は二つとないのです。

　チャットボットとの対話では、おおよそ二つの基本的タイプの会話が見られます。「情報を探す会話」では、コンテンツを掘り下げ、有用なドキュメントやリンクをユーザーに提供します。「学習」の文脈でのこのタイプの会話の例としては、キュレーションされたコンテンツやカスタマイズされたコースの推奨などがあります。この目的のためにボットを使用する利点は、ボットが、ユーザーからの反応に基づいて推奨事項を改善する「学習」ができることです。まさに、機械学習の典型例といえるでしょう。

「双方向会話」のボットは、異議申し立てへの対応や会社のフォームへの記入など、仕事上の支援が必要なユーザーに対して解決策や回答を提供するものです。ボットは、「仕事の流れの中で」即座にサポートを提供する一方で、質問の種類を記録し、最も困難をもたらしていると思われるフローのステップを特定します（Bersin 2019）。ここで重要なのは、これらの会話は（携帯電話などの画面上の）テキストで行われることもあれば、音声や双方向の音声会話として行われることもあるということです。つまり音を通じた自然言語処理が適切に行われる必要があり、ユーザーがマイクに向かって話すだけで、機械がその音声入力を解釈し、テキストまたはロボットが生成した音声で返答することを可能にしなければならないということです。

　今でこそチャットボットは、多くのユーザーにとって役立つオンラインインターフェースとして捉えられていますが、人間と会話する機械をつくろうとした初期の試みの多くは不便で（少なくとも人間にとっては）、フラストレーションの溜まるものでした。今、やっと、チャットボットは、迅速な対応や通常の営業時間外のサポートを求めているユーザー場面でも、広く受け入れられるようになりました（Baer 2018）。2018年の調査（Devaney 2018）に基づく、最も人気のあるチャットボットの用途は以下の通りです。

- 緊急時に迅速な回答が得られる（37%）
- 苦情や問題の解決（35%）
- 詳細な回答や説明を得ることができる（35%）
- 人間のカスタマー・サービス・アシスタントを見つける（34%）
- 予約（例：レストランやホテル）（33%）
- 請求への支払い手続き（29%）
- 基本アイテムの購入（27%）
- 何かの購入時にアイデアやインスピレーションを得る（22%）
- 一つのプログラムで複数のブランドとのコミュニケーションをとる（18%）
- どれにも当てはまらない（15%）
- 高価なものを買う（13%）

教育やトレーニングプログラムでチャットボットを使用する方法

　人材開発の分野もこれらのビジネスで示される傾向に従うことになるとすれ

ば、近い将来、チャットボットはラーニングテクノロジーと相互作用する好ましい手段になると予想されます（Srdanovic 2018）。

これまで、消費者との対話にチャットボットを使用するケースを取り上げてきましたが、それがこの技術の出発点だったからです。チャットボットとのやり取りには、他の形式のコンピュータのインターフェースよりも時間がかかる（遅い）ことには留意する必要があります。

学習を消費者主導（学習者主導）の活動と考えるならば、学習体験を提供し、チャットボットが人材（タレント）を育成するというケースには、様々な方法が考えられます。

カリキュラムカスタマイズのための学習者インタビュー

チャットボットは、信頼できるアドバイザーのような役割を果たすことができます。ボットは適切な質問を選択し、学習者に対して質問することによって、その興味を把握し、その人にふさわしいトレーニングやコースを紹介することができます。例えば、大学生が専攻を選ぶ際にチャットボットが手助けをしたり、IT技術者に適切な資格を勧めたりすることなどです。また、各人の学習結果を記録管理する学習パフォーマンスシステムに接続されていれば、個人やチームの学習パフォーマンスデータを利用して、パフォーマンスギャップを解消したり、学習パフォーマンスを次のレベルに引き上げるためのトレーニングを推奨することができます。

必要な時に必要なパフォーマンスサポートを提供

製造現場やお客様との商談の現場では、ノートPCを起動して問題解決のための検索をする時間がありません。しかし、スマートフォンを使って質問をすれば、必要なときに必要なアドバイスを受けられるかもしれません。私のクライアント組織の一つは、オンライン上の参考資料や注文処理ツールにインテリジェントチャットボットを組み込んでいます。ユーザーが「行き詰まった」「次のステップを探している」と感じたときに、ボットが提案や手助けをしてくれます。

学習者の内省（リフレクション）を促す

目まぐるしく変化する今日のデジタル環境では、内省する時間がほとんどあ

りません。しかし、教育者のジョン・デューイは、「人は経験を振り返り、内省することによって学ぶ」と言っています（Rodgers 2002）。

　チャットボットの会話性は、多肢選択式の質問から可能性の高いオプションを選択するといった単純なことだけではなく、深い応答を必要とする質問をすることができ、それによって内省を呼び起こすことができます。

　ある新任マネジャーが、従業員を解雇すべきかどうかという難しい判断に悩んでいるとします。会社の方針や従業員の記録にアクセスできるチャットボットは、法的制約や会社の方針に基づいて適切な質問をし、マネジャーが十分な情報を得た上で決断できるようにします。チャットボットは、解雇することが問題に対処するために残された唯一の選択肢であるかどうかを判断するために、意思決定ツリーを使ってマネジャーを誘導します。その過程で、マネジャーはその問題に対処するための他の方法を見つけることができるかもしれません。その従業員にはトレーニングが必要かもしれませんし、家庭内の問題がその従業員のパフォーマンスに影響を与えているのかもしれません。注意したいのは、内省を促すためにAIを使用しているのであって、プログラムには、決断や決定することが求められているのではないということです。AIは、人間ユーザーの相談相手になるだけです。

　ある時点で、人事部の担当者とのミーティングが必要になれば、ボットは、このオプションを推奨し、アポイントメント予約をサポートします。人事担当者とのミーティングが行われると、マネジャーはボットが提供した推奨事項に基づいて、事前の考えや書類を整理することができます。

24時間365日のパフォーマンスコーチングの提供

　今日の仕事の世界では、従業員は世界のどこでも、いつでもサポートを必要とする可能性があります。チャットボットを利用することで、様々な用途で必要なコーチングやサポートを提供することができます。

新入社員のオンボーディング・ボット

　やはりクライアントの例ですが、社内イントラネットの起動画面に人事のオンボーディング・ボットを使っています。ユーザーがログインしてから数秒後にボットが現れ、サポートを提供します。ボットは人事データベースにリンクされているので、「スーさん、こんにちは。今日は、何かご用件ありますか？」

と従業員の名前で呼びかけることができます。ボットはすべての社員が利用できますが、この複雑なグローバル組織では、新入社員が新しい役割を開始するにあたって、こなさなければならない、込み入ったタスクやトレーニングのリストをナビケートし、サポートするように設計されています。

セールスコーチ・ボット

　セールスコーチ・チャットボットは、営業担当者の訓練、特に顧客の反対意見に対応するためのリアルな練習をするためにつくられました。このボットは、使えば使うほど、「顧客」からの反応が微妙に変化していきます。ボットは、担当者がプロフェッショナルらしくない応答や効果的ではないテクニックによって顧客の決断を促そうとすると、ネガティブな反応をするようにプログラムされています。また、正しい営業手法を用いた場合には、肯定的な反応を示します。

新任マネジャー・ボット

　このボットは、初めてマネジャーへの昇進を控えたハイパフォーマー社員に対して、役割移行へのサポートを目的としてつくられました。新任マネジャーは、全く新しいスキルセットを即座に習得しなければなりませんが、このボットを使えば、たいていの場合、さらに正式なトレーニングを受ける必要はありません。このボットは、給与計算、勤怠管理、経費管理、人事考課、難しい従業員への対応、採用、雇用など、新任マネジャーにとって困難な多

くのタスクを、その場でサポートします。

ユーザーの注意を必要なところに向ける

デジタルメディアの厳しい現実は、ほとんどの人がちゃんとは読まないということです。スクロールして目を通しても、ページやドキュメントの最後まで読まないことが多いのです。例えばあなたが重要コンテンツをオンラインで公開していて、学習コース受講者に読んでもらいたいと思っているとしましょう。「こんにちは。〜を読んでください」で始まる管理者からのメッセージを送るよりも、「ページの一番上にあるお知らせに気づきましたか？」などとチャットボットがコース上に現れ、適切な質問

をしたり、リンクを共有したりすることで、学習者の注意を必要なところに向けることができます。

この例では、チャットボットはユーザーに何をする必要があるかを伝えます。進行中の「会話」により、プログラムは推奨内容をより具体的にしていきます。

知識定着の評価

米国教育省によると、評価は学習体験であるべきとしています（Kelly 2016）。しかし、典型的な標準化されたテストでは、この目的を達成するための手段としては、全く不十分です。チャットボットであれば、学習者の過去の回答に応じた順序で質問を提供するようにプログラムすることができるため、この技術を使って、ソクラテス法の質問をシミュレートし、評価を「あー、やってしまった……」と思ってしまう瞬間から、洞察と発見の瞬間に変えることができます。

画面は、高校生が絶滅危惧種のミツバチの個体数が直面している課題について科学的に理解しているかどうかを検証するために開発された例です。

コンテンツのキュレーション

　フォーブスによれば2018年3月時点で、毎日2.5クインティリオンバイト（訳者注：1クインティリオン=10^{18}）のペースでデータが作成されていると報告されています。利用可能なデジタル情報が爆発的に増え続ける中、コンテンツのキュレーション能力が、ラーニング・プロフェッショナルにとってますます重要になっています。インテリジェント・ボットは、ユーザーが入力したキーワードを使って、関連性があり信頼性の高い情報を検索し、提案を提供します。会話形式のインターフェースは、ユー

ザーがその提案を受け入れ、行動する可能性をはるかに高めることがわかっています。優れたデザインのチャットボットは、親しみやすいアドバイザーのように感じられます。

　この例では、ボットがユーザーのニーズを識別し、適切なコンテンツを推奨し、その推奨内容が適切であったかどうかのフィードバックを求めて確認します。

学習者フィードバックと行動データの収集と分析

　チャットボットの価値のある使い方の一つは、ユーザーがボットと対話している間にプログラムがそのユーザーに関するあらゆる種類のデータを収集できることです。ユーザーがどのくらいの頻度で、どのくらいの時間チャットをしているかなどの情報です。

　ユーザーがボットを操作する際、どのリンクをクリックしたか、あるいはクリックしなかったか、どのような質問をしたかなど、すべてのデータが容易に収集され、基盤となっているAIによって意味のあるインサイトに変換されます。この安定したデータは、学習体験を向上させたり、新しいトピックや質問を特定したり、ユーザーの好みや要望の傾向を認識するために使用することができます。最もシンプルなチャットボットアプリケーションであっても、イントラネット、ウェブページ、LMS上で収集したユーザーデータから強力なインサイトを開発する能力を持っています。リソースガイドでは、いくつかの例やワークシートを掲載していますので、参考にしてみてください。

チャットボットの重要な役割：行動変容構築

　前述の事例から、チャットボットの活用によって副次的な効果も得られることにお気づきかと思います。これらの事例は、今のニーズに対応するだけでなく、ボットが学習したことから、次に同じような問題や疑問が発生したときには、ユーザーが自分自身で対応する方法を示唆してくれます。優れたデザインのボットは、常に、次の一助になる場所の提案や今後の参考になるリンクを提供します。このようなアプローチを取ることで、チャットボットを教育やチェンジマネジメントのためのツール、コーチやガイドとして使うことができます。

チャットボットは時間をかけるインターフェイス

　チャットボットを導入すれば、ユーザー体験の効率化ができるという誤解が多いのですが、実際には、チャットボットのインターフェースは、時間をかけることを意図してつくられています。フォーム上のボックスにチェックを入れるだけといった行為のみならず、ユーザーがボットと対話機会から満足度を高めることを目的としているためです。この「遅さ」が、学習を促進するための重要なツールとなっているのです。少なくとも学習者が考えを巡らせたり質問を考えたりするのに十分な時間が設定され、学習プロセスとしてのデジタル体験を提供してくれるからです。

「つくる」か「買う」か？

　新しい技術の導入に際してよく聞かれるのが、社内のリソースを使って構築した方がよいか、それとも外部に依頼して構築した方がよいかという質問です。私はこの質問に答えることはできませんが、これだけは言えます。どちらを選択するにせよ、同じプロセスを踏むべきだということです。

　この本の巻末とリソースサイトには、そのためのツールをいくつか用意しています。

　「つくるか、買うか？」フォームは、いくつかの質問に答えることで、自社でボットを構築するのか、外注するのかの判断に役立ちます。

　「サプライヤーの選び方」フォームは、外部のプロバイダーを利用したいと決めた場合、このチェックリストは、プロジェクトに最適なパートナーを決定するのに役立ちます。

　必要であれば、それらの質問を正式な提案依頼書（RFP）に組み込むことも

できます。

テクノロジー・サプライヤーのマネジメント：

　プログラミングを誰かに“委託”している場合でも、必要な結果を確実に得るためには、そのプロセス全体に関与する必要があります。このガイドでは、サプライヤーとの関係を良好にスタートさせ、常に良い方向に導くためのいくつかのベストプラクティスを紹介します。

チャットボットを構築する方法：

　「つくる」という選択をした場合、このガイドにヒントとなるアイデアがあります。

　モバイル・コーチの創業者であるヴィンス・ハーン氏は、小学校6年生のときに初めてチャットボットをつくり、その後、その情熱を、チャットボットの設計、展開、管理するためのSaaS（Software as a Service）プラットフォームのリーディングカンパニーへと昇華させました。ハーン氏とは、数年前のATD TechKnowledgeで、友人のジョー・ガンチと私が行ったチャットボットを使ったeラーニングの発表に参加してくれたことがきっかけで知り合いました。ヴィンスは、教育目的でカスタムメイドのボットを導入した経験が豊富なので、なぜチャットボットがトレーニングに効果的なのかを聞いてみました。すると、次のような答えが返ってきました。「チャットボットは、フレンドリーで使いやすい会話ユーザー・インターフェイスで、即時応答を生成することができます。チャットボットが提供するスケーラビリティによっては、一度に何千もの会話を処理することが可能になります。チャットボットは眠る必要もなく、疲れもしません。今日、多くの組織が、従業員やマネジャーのオンボーディングトレーニングや、アシストのためにチャットボットを導入しています。これは、AIを搭載した新しいテクノロジーの今日的な価値であり、テクノロジーが現在持っている機能をユースケースにマッチさせる代表的な例です」

　Learning To Goでは、新しい学習テクノロジーについてクライアントが十分な情報を得た上で決断できるよう、ガイドを提供しています。自社内で構築することが最良の選択肢かもしれませんが、念のために、自社で構築する際の隠れたコストを検証するツールとしても役立ちます。隠れたコストには、時間のロス、リソースの不足、継続的なメンテナンスやユーザーサポートのコスト

などが含まれます。

　付録やリソースサイトには、「つくる」か「買う」かについての資料が掲載されています。

第3章のまとめ

　ここで紹介したことは、読者によっては全く新しいアプローチのように思えるかもしれません。しかし、チャットボットはすでに他の様々な業界でユーザーをサポートし、人をエンゲージすることが証明されています。これはAIを使ったアプリケーションですが、高い信頼性があり、成功の可能性を持って導入することができます。

　この章では、基本的な検討事項をいくつかご紹介しました。チャットボットあるいは他のラーニングテクノロジーを実装する上で重要なのは、その計画と実行にあります。この本の最後の方に添付されているツールは、あなたの目標を達成するために役立つはずです。この章では多くのことを説明してきましたが、実際に応用するには、気合いを入れて構築を始めなければなりません。ここでは、いくつかのヒントをご紹介します。

- まずは、チャットボットでやることを一つに絞る。一つの問題を解決し、解決したことを示す。それ以上のことはありません。
- 抑制、抑制、抑制です。解決したい問題と、それをどのように解決するかに、レーザーのように集中してください。
- 新しいサービスを提供するのではなく、すでに提供しているサービスを拡張するようなボットを考えてみてください。
- 最初は「実行可能な最小限のもの」を構築します。ボットが機能することを確認した後に、いつでもボットのルックアンドフィールは装飾できます。
- パーソナルにする。チャットボットのパワーは、ユーザーの脳を騙して本物の体験をさせる能力にあります。ボットに個性を与え、少し楽しむことができるものにすることで、それが起こりやすくなります。
- テスト、実装、テスト。その繰り返しこそが、最高の結果を得るための私の一番のお勧めです。

　チャットボットは、単独でも高い効果を発揮しますが、他のテクノロジーと

組み合わせると、その効果は倍増します。例えば、従来のeラーニングプログラムに、分岐学習やシミュレーションの代わりにボットを組み込むことができます。また、LMSの前面に配置し、会話の錯覚を利用してLMSの体験をより魅力的にし、学習者をサポートすることもできます。このような、「スマートLMS」で可能なAIの応用については、第4章「LMS（学習管理システム）をよりスマートにする」で説明します。

4

LMS（学習管理システム）を よりスマートにする

　今この瞬間も、世界中のどこかで学んでいる人がいます。そんな例を見てみましょう。

　自宅で仕事をしているアイシャは、静かな時間を利用して、コンピュータセキュリティのトレーニングを受けています。彼女の会社の学習管理システム（LMS）は、このトレーニングの期限が過ぎているため、耳障りな声で彼女に知らせています。

　全角でメッセージを送るという古典的な方法で「期限が過ぎています！"ATTENTION! YOU HAVE PAST DUE TASKS"」と叫んでいるのです。

　彼女は大きなため息をつきながら、何もせずに会社のLMSにログインしました。"学習しない奴ブラックリスト"から逃れるためです。多くの人が体験していると思いますが、これまでの学習経験は、ほとんど苦痛とも言えるほどつまらないものだったので、先延ばしにしてきました。しかし、今回は違います。このトレーニングは、まるで彼女のために書かれたもののようです。彼女の仕事に関連するセキュリティリスクが強調され、彼女が日常的に直面するシナリオが提示されています。内容は彼女が知るべきことに的が絞られているため、アイシャが予想していたよりもはるかに短いコースになっています。アイシャは、システムから提案された別の必須コースも受講することにし、そのパーソナライズされた学習体験を楽しみました。

ハロルドは、海軍の病院船USSマーシー号の船員です。任務がないときは、船のWi-Fiシステムでつながっているオンラインコースを受講する大学生でもあります。その大学のプログラムは「オープンディグリー」で、自分の学校で提供されているコース、海軍や他の学校が提供するプログラム、さらにはCourseraやTeachableなどのプロバイダーが提供するMOOC（Massive Open Online Course）の中から選ぶことができます。

　アルゴリズムがハロルド向けにキュレーションしたリストの中から学習を選択します。リストの項目を完了すると、システムはコース番号やタイトルではなく、学習成果を特定して完了を記録します。このアプローチによって、彼は、電気工学の学位取得に向けてスピーディーに前進しています。残すところ三つの学習成果の完了によって開かれる新しいキャリアに期待を寄せています。

　地球の反対側では、サンジェイが最近のトレーニングプロジェクトの結果を確認しています。彼の会社は、強力な分析ツールを備えた新しいLMSに投資しました。最初、サンジェイはこの新しいシステムが提供する力に興奮していました。しかし今、学習者が何かをするたびに表示される無数のチャートやグラフを前にして、指の先にある選択肢の多さに頭を抱えています。

　「このデータをどう理解すればいいんだ？　一つのレポートを確認するだけでも、少なくとも数時間はかかるなあ。これだけの情報をどんなふうに上司にプレゼンすればいいんだろう……」

　一瞬、彼は、コースの完了と小テストのスコアだけの報告があった、シンプルな時代を懐かしみました。

　アリスは、大きな公立学校のIT部門を管理していましたが、最近退職しました。テクノロジーに慣れ親しんだ彼女は、ヨーロッパの素晴らしいギャラリーをオンラインで訪れ、芸術への情熱を満喫しています。自分の楽しみのために受講しているコースの一部です。今日はルーブル美術館に行きます。その後、友人とゴルフを楽しむ予定です。

　デイブは大手ネット通販会社の配達員です。今日、彼は実験的に開発されたロボットのデモを見ました。このロボットは、トラックに荷物を積み込み、顧客の住所に合わせてプログラムした自動運転車で顧客の玄関先まで荷物を配達

します。ロボットは配達を確認するために荷物の写真を撮り、お客様にメールを送ります。さらに、お客様の携帯電話に電話をかけ、「お荷物が到着しました。良い一日を」と言いました。その後ロボットはトラックに戻り、自動運転プログラムをスタートさせ、次の場所へと向かいました。その場にいたほとんどの人は、この新しいテクノロジーに魅了されていましたが、デイブは自分の仕事が心配になり、上司が言っていたコーディングのクラスに参加すべきかどうか悩み始めました。

とかく私たちは光り輝くように見える新しいテクノロジーに魅了されてしまいます。特にまだ手に入れていないないときには、それが新しいすべての問題を解決するもののように見えてしまいます。

すぐそこにある次世代のテクノロジーが、私たちの生活を一変させるという可能性はあります。しかし、歴史を振り返ると、違うパターンが見えてきます。

「今日の学生は、計算問題を解くときに使う樹皮を準備することができません。彼らはスレート（石板）に頼りきっています。スレートが落ちて壊れたらどうするんでしょうか？彼らは書くことができなくなります！」
―1703年のティーチャーズカンファレンス

「今日の学生はインクに頼りすぎています。ナイフを使って鉛筆を削ることもできません。ペンとインクが鉛筆に取って代わることはありません」
―1907年の全米教育者協会

「今日の学生は市販のインクに頼っています。自分でつくる方法を知らないのです。インクがなくなってしまったら、次の開拓地に行くまで、何も書くことができなくなってしまいます」
―1929年の農村のあるアメリカ人教師

「今日の学生はこの高価な万年筆に頼っています。彼らはもはやストレートペンやペンで書くことができません。自分の羽ペンを削ることもできないのですから。」
―1941年のPTA新聞

「ボールペンはこの国の教育をダメにします」
―1950年の連邦教師連盟

「大勢の人が電卓の使用を心配しています。電卓が生徒の数学的能力を損ない、数学的無学を招くことになるからです」
―1997年の学校長フォーラム

「私の心は今、粒子速度で移動する流れで情報を取り込むことができるネットによる情報配信方法にワクワクしています。かつて私は言葉の海でスキューバダイビングをしていましたが、今はジェットスキーに乗っているように海面を疾走しています」
―2008年のニコラス・カーによる"グーグルは私たちを愚か者にしているのか?"

　ご覧のように、技術やテクノロジーがなければ、それがすべての病気を治すと思い込み、技術やテクノロジーを持っていれば、それがすべての問題の原因であると考えてしまいます。一連の例に見るように、ときに技術やテクノロジーそのものが学習に対しての責任があると考えがちですが、技術やテクノロジーの持つ意味は学習者の脳の中で構築されるという事実を見失ってしまっています。シェークスピアのハムレットが言うように、「良いものも悪いものもないが、考えることでそうなる」のです。
　本章では、学習プロセスをサポートするために、AIがどのように人的資本システムを強化できるかに焦点を当てていきますが、覚えておいていただきたいのは、これらのシステムが学習体験そのものを生み出すものではないというこ

とです。それは、学習者の頭の中で、一つひとつの学習体験として脳から生み出されるものなのです。

ネットフリックス（Netflix）と学び

　毎日生成されるデータの量は、指数関数的に増加し続けています。2017年には、人類は1日に2.5兆バイトのデータを生成しました。ラーニング・プロフェッショナルとして、絶え間ない変化の中で高いレベルのパフォーマンスを維持するにはどうすればよいのでしょうか。

　その解決策として、よく「生涯学習」が挙げられますが、それを実行するのは、見かけほど簡単ではありません。もはや政府や経営者の「要求」を満たしてその要求事項のチェックボックスに完了のチェックを付けていくことだけでは、ラーニング・プロフェッショナルの機能を果たせなくなってきています。これからは、科学的な知見を持って人々の生活や生き方の変革を支援できなければなりません。ラーニング・プロフェッショナルたちがそれを実行することが、組織や社会全体の変革につながると信じたいものです。

　さて、言うは易しですが、どうやって実現するのでしょうか？

　まず第一歩は、ニューロサイエンス、データ分析、機械学習を組み合わせた大規模実験です。もしかしたら、あなたはすでにその被験者になっているかもしれません。

　その方法とは以下のようなものです。

　私たちの脳：さて、私たちの脳がこのようになったのは、なぜでしょうか？それは、生きるためです。私たちの脳は、体の他の部位とともに、ある目的のために進化してきました。種を維持することです。私たち人間が持っている最も強い生存特性の一つは、学びたいという欲求であり、新しいものに魅了されることです。私たちは、パズル、ゲーム、ミステリー、コンテストなどに夢中になります。何かが解明されると、脳は強力な報酬を与えてくれます。ドーパミンという化学物質が分泌され、気分が良くなるのです。食事や運動、セックスなど、何かが素晴らしいと感じると、私たちはそれを再び行う機会を見つける傾向があります。この化学物質は非常に強力で、中毒になってしまうこともあります。一度味わうと、もっと食べたくなってしまうのです。

　脳はこの報酬サイクルを使って、命を守るための行動を促します。その行動

の一つが学習であり、本来皆それに夢中になるはずなのです。

　リチャード・ドーキンスは『利己的な遺伝子』の中で、人間の脳がどのように
して生き延びる機械としてどんどん進化したのか、そしてこのたった一つの
特徴がどのようにして人類を大きく変えたのかを明らかにしています。

　脳のデータ：Netflixにその例を見てみましょう。Netflixは1億人以上の加入
者を抱えていますが、加入者の特定行動を詳しく追跡しています（McFadden
2019）。もし、あなたがその加入者であるとすれば、彼らはあなたについて多
くのことをすでに知っているということです。いつテレビを見ているか、どん
な番組を見ているか、家族に誰がいてその家族は何を見ているか、見たものを
どう評価しているか、何を最後まで見て何を最後まで見ないか、どのタイトル
を何話も見続け大騒ぎしているか、どのエピソードを何度も見ているか、など
など。平均的なアメリカ人は1日に4時間以上テレビを見ると言われています
が、それだけのデータがあるということです。

　機械でデータを分析する：すべての情報を頭だけで分析していたら、わずか
なサンプルからパターンを認識するのに何年もかかってしまうでしょう。ここ
で機械学習が役に立ちます。アルゴリズムとは、パターンの認識や予測など、
あるタスクをどのように実行するかをコンピュータに指示するプログラムです。
これらのアルゴリズムは、どんなに優秀な人間の分析者でも直感的には理解で
きないようなパターンを見出すことができます。

　Netflixでは、データ分析のアルゴリズムを用いて、個々のユーザーのパター
ンを把握し、パーソナライズされたレコメンデーションを行っています。そし
て、それらのお勧めを、似たようなパターンを持つユーザーと結びつけて、新
しいコレクションやカテゴリーをつくり、非常に具体的な情報を提供します。

　予測アルゴリズムは、視聴者が番組にどのように反応するかをNetflixに伝
えることもできます。例えば、どの番組が視聴開始後数分でバイラル化するか、
どの番組が少数ながらもカルト的な熱狂的ファンを獲得するか、などです。彼
らは、ニューロサイエンス（神経科学）の知見を用いて、どのような体験が各
個人のドーパミン効果を引き起こすかを予測し、この反応を最も効果的に引き
起こす番組を見つけるアルゴリズムを持っています。Netflixがお勧めする番
組を選択するたびに、あなたはアルゴリズムに、あなた自身やあなたの好み、

そしてコンテンツとの関わり方や消費の仕方を教えているのです。Netflixは、あなたの頭にスキャン装置を取り付けなくても、あなたがネット上でのどのような体験に夢中になって中毒症状を起こしているのかを、あなたの行動から知ることができるのです。アルゴリズムは使用されるたびに仕事をこなすのが上手になっていくので、予測もどんどん良くなっていきます。

　このアプローチはコンテクスト性と呼ばれ、マスマーケットのコンテンツが、個々のお客様にアピールするために独自に選択されているような錯覚を起こしますが、それは裏を返せば実際には「そうだった」ということです。

　社会的学習：私たちのDNAに組み込まれているもう一つの特徴は、他の人から学ぶことを必然として持っているということです。*Psychology Today*誌に、「人は他人を見て学ぶ」をテーマにした記載がありますが、Netflixをはじめとする多くのオンラインマーケターは、この傾向を利用し、あえて他人の行動を見せることで、どの商品、書籍、番組を購入すべきかを示唆してきます。私たちが自分自身の選択をする前にYelpのレビューを読んだり、「星」の数をチェックしたりするのは、他の人の行動を判断材料にしているからなのです。こういった「リコメンダーシステム」は、あなた自身の行動（例えば、似たような番組をどのように評価したかなど）と多くの他のユーザーの行動を組み合わせ、ユーザー間の類似性をフィルタリングして、推奨してくるわけですが、実際にはあなた自身があなたにお勧めしているようなものです。

　広範な適用と攪拌：もちろん、この手法を展開して大規模にカスタマイズされた消費者体験を実現しているのは、Netflixだけではありません。Amazonは、顧客が注文する1日前にどの商品が注文されるかを予測するアプリケーションを使用して、予想されるニーズに合わせて適切な供給ができるよう倉庫や配送拠点に商品を配備しています（Selyukh 2018）。Googleは人間と機械からの情報を使って、グーグルマップで交通渋滞を予測し、同様のアルゴリズムを使い、入力が終わる前に検索語を予測しています（Johnson 2019）。アメリカ政府は、AIを使って敵軍の動きを予測しています（Olckers 2020）し、NASAはAIを使って、宇宙船の確実な操作を阻害しそうな宇宙飛行士の疲労を予測しています（Shekhtman 2019）。これらの例はすべて、大量の、質の高い、信頼できる情報のデータセットに依存しています。

AIでビッグデータを分析し、ビッグインサイトを得る

　アナリティクスとAIの分野は、融合しながら進化してきました。約30年前のビジネスアナリティクスは、データを集めて要約することが主な目的でした。その後、分析手法の高度化に伴い、より具体的なビジネスインテリジェンス技術が開発され、収集したデータから洞察、予測、推奨を行うことができるようになりました。その数年後には、非常に大きなデータセット（ビッグデータ）の分析作業を自動化し、ビジネス上の意思決定結果を予測するためのパターンを発見するデータマイニング技術が開発されました。最近では、機械学習やAIなどの進歩により、インテリジェントな機械を使って人間の指示なしに分析を行うことができるようになりました。

　AIやデータ分析は、玉ねぎの層のように、層状になっていて、連続した層ごとの複合体です。これらの層には、ルールベースの自動化システム、機械学習、深層学習などがあります。

　では、この玉ねぎ様の層の皮を一枚ずつ剥がしてみてみましょう。

　ルールベースの自動化：ルールベースのシステムでは、特定領域（ドメイン）の知識を活用して自動化を構築します。例えば、人間が顧客からの定型的な要求をどのように処理しているかというデータを利用して、テキストベースのチャットボットを使って自動化することなどができます。

　自動化は、「Xが起きたらYをする」という明白なプログラミングによって行われます。ポリシーや手順などの特定領域ナレッジの膨大なデータベースを頼りに、キーワードを使ってデータを照会し、与えられた状況での正しい行動を決定します。

　機械学習：これまで見てきたように、機械学習はAIのサブフィールドです。ある程度の量の与えられたデータ（学習データ、訓練データ）からそのパターンを識別し、それを使ってまだわかっていない価値や分類の予測モデルを作成する能力に焦点を当てています。

　最初に設定した基準に沿って、「経験」から学んでもらい、その後も学習を続けさせます。

　この機械による学習プロセスには人間が「介在しない」と言いますが、正確には、機械がどのように学習するかのルールは人間のプログラマーが決め、各

プロセスの最初の段階でプログラムするので、そこには人間の介入が行われています。ある目標を達成するために、機械の学習経験の源となる情報をどのように取捨選択するか、どのような情報源を使うかをプログラムとして指示します。そして、プログラムを膨大な量のデータにさらすことで、学習が始まります。

　例えば、MRI（磁気共鳴画像）に写っているがん細胞を認識するプログラムを開発するとします。最初のルールでは、がん細胞を識別する方法を、数多くの例とともに記述します。そして、結果を指定せずに、機械にスキャンデータを浴びせ始めます。機械がルールを適用し始めたら、その答えが正しいか正しくないかのフィードバックをします。それによって、あっという間にほぼ完璧な性能を発揮するようになります。それが完了したら、結果がわかっていない生データを扱う段階になります。人間は品質保証のためにその結果をスポットチェックしますが、機械は人間の設計者よりもはるかに速く、正確に動作するので、この種の分析が標準となってきています。

　あまりにも未来的な話だと思うでしょうか？　いいえ、2019年での話です。

　さて、あなたの組織が向き合うことになるかもしれないデータ分析ニーズは、何でしょうか？　機械学習を応用して新たな知見を得るかもしれません（Thomson 2020）。

　企業の研修部門や教育機関の多くは、まだAIに対して二の足を踏んでいますが、中国は意気揚々と飛び込んできて、「インテリジェント教育」と称して数十億ドルを投入しています（Chawla 2019）。

　この取り組みでは、生徒一人ひとりに合わせた学習体験を提供するロボットのインストラクターを人間の教師の代わり、または人間の教師の補完をすることを目指し、生徒各人の強みと弱みや成績に応じて個別カリキュラムを調整するソリューションや、顔の表情や声の抑揚などの生体情報を利用して、生徒の理解度レベルやバーチャル講師とのエンゲージメント度を判断するソリューションも使われ始めています。

　膨大な数のデータを扱うことによって、教育用AIの開発は、急速に大きな進歩を遂げています。人工知能システムは、人間のユーザーとの経験を通じて「学習」するために、膨大なデータセットを必要としますが、2017年、中国で活動しているあるスタートアップAI企業は、100万人以上のユーザーを誇っ

ていました。彼らは学校において、週5日、全日にわたってこのプログラムを実施しました。これは大量なデータです。つまり、大量の機械学習の可能性を秘めているということです。

　大量の学生にアクセスできるもう一つの市場であるインドでは、教室の講師をAIで代替することにも注目が集まっています。2019年には約200社が、各人の学習パフォーマンスに合わせて学習体験を調整しながら、コンテンツを配信できるAIソリューションを提供しています（Tracxn 2019）。

　企業研修、人事、人材開発など、あらゆるレベルの教育に携わっている人は、近い将来、インテリジェントな人工教師やコーチと一緒に仕事をすることになるでしょう。

　ディープラーニング：玉ねぎの核の部分にあたるのは、深層学習です（図4-1）。深層学習は、人間の脳を模倣するように設計されたニューラルネットワークを使用する機械学習の複雑な一分野であり、時には人間がつくり出すよりも高い精度で、高度で複雑なタスクを実行します。深層学習は、出発点としてのパターンが与えられていないため、機械学習や人間の分析だけでは不可能なパターンや洞察を見出すことができます。これらの新たな洞察は、特に人間の行動を予測する際に価値を発揮し、私たちの出番となります（Dickson 2019）。

ビッグデータとは何か？

　データとは、私たちの周りで作成され、共有されるあらゆるものを意味します。自分自身のことを考えてみると、どうでしょうか。1時間のうちに、PCでメールを読んだり、携帯電話でメールを送ったり、ポッドキャストをダウンロードしたり、ビデオを見たり、ツイートを投稿したりすることがあるでしょう。これらはすべてそれぞれ異なるタイプのデータであり、その取得と分析には異なる戦略が必要です。しかも、これらは、今日オンラインで入手できる多様なデータのほんの一例にすぎません。ビッグデータは、必ずしもオンラインである必要はありません。安全なサーバーや、デジタル化された膨大な紙ベースのファイルかもしれません。

　ビッグデータとは、従来のデータ処理ソフトウェアでは対応できないほど膨大で複雑なデータセットのことです。組織がこのような巨大なデータセットを

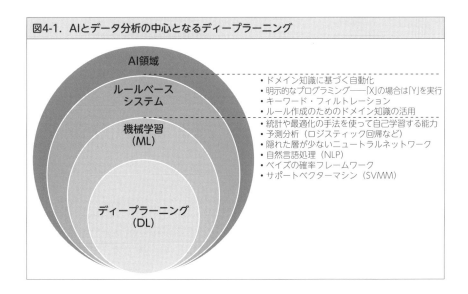

図4-1. AIとデータ分析の中心となるディープラーニング

AI領域

ルールベース
システム
- ドメイン知識に基づく自動化
- 明示的なプログラミング——「X」の場合は「Y」を実行
- キーワード・フィルトレーション
- ルール作成のためのドメイン知識の活用

機械学習
（ML）
- 統計や最適化の手法を使って自己学習する能力
- 予測分析（ロジスティック回帰など）
- 隠れた層が少ないニュートラルネットワーク
- 自然言語処理（NLP）
- ベイズの確率フレームワーク
- サポートベクターマシン（SVMM）

ディープラーニング
（DL）

処理しようとすると、しばしば問題が発生します。ビッグデータには、Volume（量）、Variety（種類）、Velocity（速度）、Veracity（正確さ）という4つの次元があります。

・Volume（量）

ビッグデータの条件の一つとしての「ボリューム」があります。膨大な量の情報が含まれていなければ"ビッグ"とは言えないということです。アルゴリズムに与えるデータが多ければ多いほど、アルゴリズムはより深く学習し、ユーザーの行動をより効率的かつ正確に予測することができます。Google、Amazon、Netflixなどのネットワーク巨大企業は、ウェブサイト、カスタマーサポートセンター、チャットボット、ソーシャルメディア、eコマースシステムなどのソースの何十億、何兆ものレコードからデータを取り出して、これらの巨大なデータセットを生成しています。

ここでいう"大きい"とは、どの程度のものなのでしょうか。データサイエンティストは、ペタバイト*（1,024テラバイト）やエクサバイト*（1,024ペタバイト）のデータを使って、このようなアプリケーションを開発します。（訳者注：ペタバイト1000^5、エクサバイト1000^6）

・Variety（種類）

　ビッグデータのもう一つの特徴は、異なる種類の情報が同じセットに含まれており、それを解釈するためには多くの処理能力と理解力が必要になることです。例えば、電車が駅に到着した時刻と乗客の数を関連付けることは人間にもできるかもしれませんが、そこにさらに天候や線路の状態、曜日などを加味しようとすると、かなり扱いにくいスプレッドシートになってしまいます。従来のデータ分析では、単純なフレームワークに収まる特定のルールに基づく個別情報に注目する傾向がありました。これを「構造化データ」と呼んでいます。テストの点数や修了率、コースの登録数などがこのカテゴリーに入ります。

　しかし、データは必ずしも「構造化」されたデータだけに留まりません。「構造化データ」とは対照的な「非構造化データ」と呼ばれるものもあります。「非構造化データ」には予測可能なルールがありません。例えば、従業員のプロフィール画像、コースに関するコメント、eラーニングコースで画面を見ている学習者の目の生体情報といったようなものです。

　非構造化データと構造化データを組み合わせて分析を行うことが、ビッグデータの特徴であるバラエティ、多様性を生み出しています。

・Velocity（速度）

　データはあらゆる方面から押し寄せてきており、そのスピードは日々速くなっています。ビッグデータを活用するためには、膨大な量の情報が入ってくるのと同時に、それをキャプチャし、分析し、利用できなければなりません。人間だけでは、「消火ホース」のように勢いよく飛び出てくる情報に対応できません。そこで、ビッグデータ・ソリューションには、入ってくるデータのスピードをコントロールして、それに対応するための戦略も必要です。情報が圧倒的な速度で入ってこない場合、それは本当の意味でのビッグデータアプリケーションではない可能性があります。

・Veracity（正確さ）

　AIによる有益な洞察を得るためには、データの正確性も求められます。データの不確実性の度合いは、データの信ぴょう性（またはその欠如）を反映します。これは、ITの世界ではGIGOとしてまとめられることが多い、シンプルな概念です。"Garbage in, garbage out（ゴミをいれたら、ゴミが出てくる）"

は、コンピュータ・プログラミング、データ分析、教育などにも当てはまります。質の高い結果を得るためには、質の高いインプットをすることが大切だということです。

どんな問題を解決しようとしているのか？　AIはその答えなのか？

　ビッグデータやAIなどのアナリティクス機能は、従来のアナリティクスシステムやソフトウェアでは問題を十分に解決できない場合には、有効であることを認識しておく必要があります。ビッグデータは、従来のアナリティクス（人間が表計算ソフトを使って行う単純な数値計算）に取って代わるものではありません。解決しようとしている問題に応じて、異なる用途があるのであって、ビッグデータの時代だからといって、すべてがそれに代わるものではありません。

　解決すべき重要な問題（経営層が夜も眠れないほどの問題）が見つかるまでは、AIの取り組みを進めるための資金やスポンサーを得ることはなかなか難しいでしょう。

　大規模なデータセットを持ち合わせていない場合でも、選択肢はあります。大規模なデータセットを利用して、ニーズに合わせてレポートを作成するツールもあります。参考になるリソースのリストは、付録のリソースセクションにありますので、ご覧ください。

　さて、あなたの組織のラーニング機能－LMSの検索や学習者のコース完了予測など－に、このビッグデータアプローチを使うことはできるでしょうか？もちろん、それは場合によりますが、予測アルゴリズムを訓練するには大量のデータが必要なので、このビッグデータを使う必要性がある組織は、多くの場合、大量のデータポイントを持つ大規模組織で見られる傾向にあります。もし、読者であるあなたが大企業で働いている場合には、新製品の開発、賢明な投資、カスタマーサポートの提供、サイバー攻撃からのシステム保護などのために、すでに予測分析や機械学習を利用しているのではないでしょうか。そのような組織の人材開発チームは、組織内のデータサイエンティストやAI開発者を活用して、組織向けのアルゴリズムを設計できるかもしれません。

　あるいは、スマートなLMSを購入するという手もあります。

スマートなLMS（学習管理システム）

　2017年、私は、"学習オートメーションの近未来：スマートLMS"という記事をATDの『TD』誌に書きました。学習管理システムの初期バージョンが登場したのは1970年代で、今日「eラーニング」と呼ばれている破壊的なイノベーションをサポートするためにつくられました。それ以来、LMSとeラーニング、これら二つの学習ツールは共に成長し、互いの限界を押し広げることでそれぞれが進化し、イノベーションへの反復的な道を生み出してきました。LMSの技術が何かを容易にするにつれ、インストラクショナルデザイナーは、その機能を使って学習者のラーニングエクスペリエンスを向上する方法を発見してきました。

　そしてまた、インストラクショナルデザイナーがLMSに対して様々な機能を要求するようになり、プロバイダーは、より優れたビデオサポート、学習体験を追跡する新しい方法、学習者をエンゲージするための幅広い機能の提供といった様々な機能を開発してきました。しかし、私のクライアントの多くは、ここ数年LMSの効果性が薄れてきていると言います。

　とはいえ、最近のLMSシステムの多くは、データ分析とAI/機械学習を組み合わせて、学習完了レポートやカークパトリックレベル1評価である学習者のリアクションサーベイ結果を吐き出す以上のことをしています（Kirkpatrick and Kirkpatrick 2016）。

　今日の「スマートLMS」は、個々の従業員がそのビジネス目標を達成するために必要とされるスキルを「学習」するようにプログラムされています。アルゴリズムは、ビジネス目標に基づいて、どのスキルが必要かを判断する方法をコンピュータコードとしてLMSに伝えます。するとシステムがアセスメントを作成し、LMSはスキルアセスメントの結果から示されたギャップに基づいて、各従業員にカスタマイズされた学習プランを作成します。改めてアセスメント報告を書く必要はありません。パフォーマンスマネジメントシステムと連携することによってビジネス目標が変更されると、LMSは、基本的なアルゴリズムを適応して、新たに特定されたスキルギャップを埋めるために必要な学習プランの変更を提示します。

　このような新しいタイプのLMSは、機械学習の登場によって初めて可能になりました。アルゴリズムは、LMSに対して、ビジネスや組織、各個人のニーズを発見するための詳細な指示を提供します。どんなに状況が変化しても、企

業の目的に応じて学習プランを自動的に調整してくれるのです。あらゆる可能性を考慮して計画を立てるのではなく、アルゴリズムに含まれる指示に従ってデータを分析することで、必要なことを「機械」（この場合はLMS）が「学習」していくのです。LMSにどのような機能を選択し、導入するかを検討するためのツールは、リソースサイトで紹介しています。

データとAIの好循環

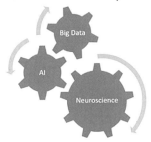

　好循環とは、その結果によって改善される実践やプロセスのことです。スマートLMSは、学習パフォーマンスに基づいた学習者ニーズを継続して把握することで、継続的なパフォーマンス向上の好循環を実現します。LMSを業務上のパフォーマンスデータやリアルタイムのサポート情報と結びつけることができれば、この好循環をより強固なものにすることができます。

スマートLMSのメリットを享受する

　この新しい技術も、経験を重ねていくうちに、さらなるラーニングオートメーション（学習の自動化）のメリットに繋がるかもしれません。現時点において私が考えるアーリーアダプターのメリットは以下の通りです。

　ニーズ分析プロセスの短縮：スマートLMSは、既存のコンテンツに基づいたアセスメントを行うことで、ニーズ分析の実施を支援してくれます。従業員がアセスメントの基準に達しなかった場合、その従業員にとって現在または将来の職務のために必要なスキルにフラグが立てられ、LMSはその習得のためのトレーニングを学習計画に追加します。詳細なレポートは、組織全体、グループ、または個人の必要スキルとアセスメントスコアのスナップショットを表示します。学習ニーズ分析に費やす時間を減らし、コンテンツや充実した学習体験の開発に時間を割くことができるはずです。

　アセスメントを学習プロセスの一部にする：米国教育省は、アセスメントを単なる「評価のためのチェックポイント」にするのではなく、学習体験である

べきだとしています。しかし、典型的な標準化されたテストは、この目的を達成するための手段としては不十分です。標準化された多肢選択式のテストは、トレーニングや教育の場には適していますが、実社会が測定したいと思うことを測定していません。多肢選択式の問題は、結果として、回答者がどのように誤った選択肢を排除し、残った選択肢の中から最も可能性の高い答えを選ぶかという、回答の推測力を測定しているにすぎません（そして多くの機械学習プログラムも同じように動作します）。

　これは確かに仕事や生活の上での貴重なスキルではありますが（例えば、普段食べないメニューの中から昼食に食べるものを選ばなければならない場合など）、どれだけ学習したかを測るものではありません。学習は行動の変化を伴うので、学習したかどうかを本当の意味で測定するには、制御された一連の制約の下での行動を評価するしかありません。例えば、これまでの訓練やデモンストレーションで特定のスキルの習得が証明されていれば、期末試験でその能力スキル実演を繰り返す必要はありません。

　今日のデジタル時代では、教育やトレーニングにおいて「思い出すこと」は、ほとんどその必要条件ではなくなっていると言ってもよいでしょう。私たちが「知る」ために必要なことは、ほとんどすべてオンラインで見つけることができるからです。私たちに必要なのは、その情報を仕事や学校で効果的に活用することです。各個人がどこで苦労しているかを追跡することによって、システムはターゲットを絞った復習のためのコンテンツを提供し、改善を継続的に測定しながら、学習経験を実務でのパフォーマンスに結びつけることを可能にします。人工知能を搭載したLMSは、新しいヒントの提供や難しい質問に対しての準備ができ、完璧な教師になることができます。

　例えば、教科書出版社のピアソンには、AIを活用した英語ランゲージ評価ツール（English Benchmark）がありますが、生徒の話し言葉や書き言葉をインプットとして、以下のことを可能にしています。

- 生徒の成長段階を評価する
- 知識ギャップを特定する
- そのギャップを埋めるための学習活動を選定する
- 継続的に再評価を行って、学習内容を微調整する

　本製品は、GSE（Global Scale of English）およびCEFR（Common

European Framework of Reference for Languages）に準拠しており、学習者一人ひとりのニーズに合わせたアルゴリズムを採用しています。このアルゴリズムは、潜在的意味解析と呼ばれる特殊な自然言語処理を使用しており、表面的な特徴だけでなく、言葉の背後にある意味に基づいてライティングを分析し、採点することができます。このアプローチは、文中の残りの単語によって変化するその単語の持つ文脈上の意味を、学生がどの程度認識しているかの判断に役立ちます。

　ピアソンのこのツールはある特定の科目に焦点を当てていますが、〈評価－学習－評価〉という学習のサイクルは、あらゆる教科や職務上のコンピテンシー獲得に適用することができるでしょう。

　コロナウイルスの感染拡大を防ぐために、世界中の企業や学校が閉鎖されたとき、私たちは、学習に影響を与えるこの予期せぬ変化に迅速に対応する必要性を、身を持って体験しました。小規模であれば、このようなピボットは常に発生しており、スマートLMSはそのような要求に応えることができます。例えば、カスタマーケアチームが、インバウンドコール中にセールスもする必要が生じた場合、その業務目標達成のためにどのような新しいスキルが必要であるかをアセスメントし、サポートするプログラムを更新できます。このような必要性は、企業のあちこちで起こっているのではないでしょうか。

　さて、パーソナライズド・ラーニングの必要性については、何十年も前から言われてきましたが、ようやく技術的にも追いついてきました。一人として同じ人はいないのと同様に、たとえ同じ役割を担っていても、全く同じ学習プランを適応してよい従業員はいないからです。

　従業員は、自分に合った学習提案を受けることによって、自分の仕事に対する誇りや、自分の将来に真摯に投資してくれる会社に感謝の気持ちも抱くでしょう。こういった新しいタイプのLMSは、多くの学習者に対してそのパーソナライズアプローチをアピールしていますが、ミレニアル世代は、消費者としての経験を反映したこのようなカスタマイズアプローチをすでに求めています。

スマートLMSをスマートに購入する

　学習管理システムは決して安いものではありませんし、さらにAIによって機能が強化されたLMSの導入には時間がかかるかもしれません。他の大きな買

い物と同じように、まず目的を明確にし、その目的を最も効果的にサポートするプラットフォームを探すことが賢明です。

　スマートLMSに何を求めるかを決められるのはラーニング・プロフェッショナルとしてのあなただけですが、LMSプロバイダーであるDocebo社の最近の調査によると、多くのトレーニングマネジャーが求めているものを以下のように報告しています。

- データアナリティクス（50%）
- ソーシャル／コラボレーション・ツール（44%）
- モバイル配信（43%）
- コンテンツマネジメント（37%）
- バーチャルクラスルーム（35%）

次期LMSの計画を今立てる

　私たちは、今や、微積分であろうが、音楽であろうが、マーケティングであろうが、フランス語などの言語であろうが、様々なことをあらゆる種類のテクノロジーを使って教えることができます。また、シンプルにそのテーマについて話すこともできます。マーシャル・マクルーハンは、当時のテレビという新しい娯楽メディアについて、「メディアはメッセージである」と言ったことで有名ですが、この概念を、今日の息を呑むような進展をしている学習テクノロジーに当てはめようとすると、それはかなり空虚なものに感じられます。「Twitterがメッセージなのか？」「Facebookは？」「YouTubeは？」……。

　もし、私たちラーニング・プロフェッショナルにできることがあるとすれば、それは、各個人が意味のある方向を見つける手助けをすることでしょうか。そのためには、何も最新で最高のテクノロジーが必要なわけでもありません。大事なのは、まず手元にある道具を使うことです。そして、より良いツールが出てきたら、それも使うこと。つまり、LMSが古いからといって、時代遅れの学習体験しか提供できないという理由にはなりません。逆に、新しいツールを導入したからといって、従業員一人ひとりにパーソナライズされた学習の旅を提供する責任を果たしたということにもなりません。いずれにしても、ラーニング・プロフェッショナルとしての知識を活かしてさらに魅力的なサポート型「ラーニング・ジャーニー」のアプローチをつくる責任を免れることはできません。

今考えられる状況は二つです。

- 現在使用しているLMSは、少なくとも幾分か古い
- あなたの組織の未来にふさわしい新しいLMSがどこかにある

次期LMSにはこんな機能を

1950年代、現代コンピュータ科学の父、アラン・チューリングは、「我々が欲しいのは、経験から学ぶことができる機械である」と述べています（Turing 1950）。この言葉は、スマートLMSのコンセプトにとてもよく当てはまります。

今日のLMSでは、単に多肢選択式のテストによって学習成果を測定するといったような機能ではなく、各学習者にパーソナライズされたレコメンデーションを提供したり、学習体験をKPI（重要業績評価指標）とリンクさせたり、学習者の職務遂行能力を測るアセスメントを提供したりすることができるようになってきています。研究者のアナベル・スミスは、『HR Technologist』の記事の中で、AI対応のLMSから得られるいくつかの重要なメリットをまとめています。

スマートキュレーション

AIが加わることで、eラーニングプラットフォームはスマートキュレーション機能やパーソナライゼーション機能を提供し、学習者が自分のペースで自分に合ったスタイルで学習できるようになりました。AIの予測モデリングを用いて、学習者の学習パフォーマンスをモニタリングすることで予想される学習パスを作成し、学習に集中するには難しすぎたり遅すぎたりすることがないようにパスを「ゴルディロックスゾーン（ちょうどよい状態）」に調整することができます（Dawson 2019）。

また、次に受けるべき学習項目やテストの頻度を提案したり、次のレベルに到達するためにどのコースに取り組めばよいかをガイダンスしたりすることもできます。パーソナライゼーションのレベルは、eラーニングプラットフォームの競争優位点ともなっていて、その使用によって、各学習者が獲得する情報や蓄積したスキルに満足できるよう開発が進んでいます。

2020年、学習コンサルティング会社Aptaraのデザインアナリストはクライアントにどのような傾向があるかをまとめました。その結果は以下のとおり

です。

　「組織は、AIを使って特定の学習者のニーズに合わせてコンテンツをカスタマイズするプラットフォームを採用してきています。学習体験をカスタマイズする機能を備えたシステムは、一様に、学習者によって生成されるデータをマイニングする機械学習を使っています。必要な知識の獲得が本質的にクロスファンクショナルなものになるにつれ、学習の必要性は専門性のサイロを超えており、システムはそれに応じて必要な知識を学習者に提供します」

　またATDはその調査レポートの中で、このように提言しています。
　　"新製品や既存システムのアップグレードを検討する際には、パーソナライゼーションのサポート、適応を可能にする機能も検討しましょう"
　　(ATD Research 2018)。

会話型インターフェース

　他のAI技術を使ったアプリケーションもそうですが、自然言語処理のプログラミングを使用した会話型インターフェースは、学習者の体験をより魅力的でパーソナライズされたものにすることができます。例えばAlexaやSiriのようなデジタル音声アシスタントを使うと、検索欄にキーワードを入力して何かを探すこととは全く異なる体験を提供することができます（第3章参照）。

パフォーマンスサポートとの連携

　ときには、業務パフォーマンスの必要性から、漸進的なスキルや知識の向上を待っていられないこともあります。新人技術者が、顧客との間に間違いを起こしながら、試行錯誤から学ばせるというようなことは避けたいものです。このような時に役立つのが、パフォーマンスサポートのモジュールです。業務に関連する簡単なヒントから詳細なステップバイステップの指示まで、ジャストインタイムのサポートを提供することができます。また、実際の現場で得られたデータをもとに、従業員にとって都合の良い時に受講できるような補習を提案することもできます。
　あるクライアント企業では、拡張現実（AR）オーバーレイで、ユーザーがシステムをどのように操作しているかを追跡し、ユーザーが躊躇したり苦労しているように見える部分を特定し、操作に対するヒントを提供しています。さ

らに、ユーザーが自信を持って一人で作業できるようになるまで、ARシステムが段階的に指示を出し、プロセスの「ウォークスルー」をすることも可能です。このようなARの導入は、スキル支援を必要とする従業員を支援する一方で、熟練者による非熟達者に対するOJT指導などによる業務ペースのスローダウンを回避することも可能にします。アルゴリズムは、個々のユーザーを認識し、高いスキルを持つユーザーのパターンと比較して、各ユーザーのどこに追加支援が必要かを特定します。新入社員の場合は、機械がほぼ常時コミュニケーションを取り、重要な手順やヒントを提供し、エラーを回避させながらスキルを強化します。時間の経過とともに従業員が自信をもって業務ができるようになってくるにつれ、ヒント提示の頻度は少なくなります。

採用活動におけるAIの活用

　ここまでは、従業員が入社してからのサポートにAIをどのように活用できるかということをお話ししてきましたが、「AIの影響力」という観点からすると、それは入社前から始まっていますよね。

　人事分野における最も初期のAIや機械学習の応用例の一つが採用プロセスで、常に向上している分野でもあります。今日、求職者の多くが、履歴書やその他の個人情報をオンライン上に公開したり、ソーシャルメディアツールに登録して、関心のある求人に応募することが可能になっています。一方、企業側も同じツールを使って求職者を探したり、候補から外したりしています。大企業では、まずはAIによって候補者のフィルタリングと選別を行い、その後、最終的に検討すべき候補者のリストを作成しています。

　選考に残らない求職者や履歴書は、企業側の人事担当者の目に触れることはなく、AIによるフィルタリングに残らなかった求職者や履歴書に対しては、「人間の」人事からのコンタクトはありません。アルゴリズムの判断ですでに選考されているからです。ここでは、採用に関連してすでに職場に導入されているアプリケーションをいくつか紹介します。

適性のある候補者を見つけ、自社に興味を持ってもらう

　AIアプリケーションを、オンライン上にあるすべての履歴書の中から、特定の仕事で成功しそうなスキルや経験を見つけ出すように訓練することは、容易なことで、すでに何年も前からAIは、このプロセスの「重労働」をこなしてき

ました。最新の技術では、電子メールやソーシャルメディアを通じて候補者に連絡を取り、候補者をエンゲージすることも可能になっています。優秀な候補者であればあるほど、ある企業で働くことを検討する前に、招待メールやソーシャルメディアのメッセージを受け取ることになります。そういった候補者は、言わば、AIによって口説かれるのです。AIは、私たち一人ひとりについて入手できる豊富なオンライン情報をもとに、個々の候補者に合わせてカスタマイズされたように感じられる働きかけをするための材料をたくさん持っているのですから。

　それは、何千人もの候補者の中から、その仕事に最も適した数人の候補者を探し出すという、非常に効率的なプロセスでもあります。実際には、まさにそのスピード自体が課題となることもあります。重要な候補者を特定し、採用するためにAIを活用したプログラムを導入したある企業では、あえてプロセスに遅延を組み込む必要がありました。あまりにも早くシステムからの候補者リストの回答を得ていたため、その結果を信用できず、システムの有効性に疑問を抱いたというものです（McIlvaine 2020）。

過去の候補者との再会

　ときに、ある特定の仕事に対しては最終選考に残らなかったとしても、その応募者が非常に優秀である場合、会社としては、その人材に対して大変興味を示すということもあります。人間の採用担当者は、時間の経過とともにこのような応募者を見失ってしまう可能性がありますが、機械は決して忘れません。AIプログラムは、随時更新される情報を基に、採用を見送られた候補者と再度連絡を取り合うことができます。「タレント再発見」と呼ばれるプロセスを経て、システムはデータベースに登録されているすべての人に新しい機会を自動的にマッチングさせ、更新されている候補者のスキルを追跡記録します。その候補者にマッチすると思われる採用案件が出たとき、その人に応募の案内が届きます。一度採用が見送られた会社であっても再度応募案内が来るということは、候補者にとっては、その企業が自分に目を向け続けていたと感じますし、また、企業にとっては、全く新しい候補者を審査する必要がないので、時間と労力の節約にもなります。

適材適所のマッチング

　私は以前、自分が応募していない仕事のリクルーターから電話を受けたこと
があります。どうやら、私は自分のスキルに合わない仕事に応募していたよう
なのですが、そのリクルーターは、私の履歴内容などを見て、より私に向いて
いると思われる仕事があると、連絡してきたのです。その時、私の可能性を見
出してくれた人がいたのは幸運でした。それが今では、AIのパターン認識に
よって、応募した内容にかかわらず、候補者と仕事をマッチングさせることが
できるようになっています。私たち自身が認識している自分のことよりも、機
械の方がよく知っているという現実が起こり始めているのです。

入社前アセスメントを見直す

　多くの企業では、候補者を絞り込むために、適性テストなどの入社前のスク
リーニングを行っていることと思いますが、それらの在り方にも変化がありま
す。特に、若い候補者にアピールするために、これらのスクリーニング活動の
多くは、ゲームやソーシャルメディアの「コミュニティ」として提供されて、
そのコミュニティへの参加者が会社についてより深く知ることができるよう既
存の従業員や他の応募者との交流を促す仕掛けをつくっています。このような
入社前の活動は、会社を知ってもらうという目的に応えるものであると同時に、
アセスメントプロセスの始まりでもあります。コミュニティ活動の中で、応募
者は自分自身のことをアピールできますが、そこには、コミュニケーション能
力、問題解決のアプローチ、スキルの適性、社会性など多く情報が生成されま
す。これらの情報はすべて、アセスメントプロセスでAIが使用する追加データ
となります。

　しかし、AIを採用のアセスメントなどに使う場合、雇用法などを十分に吟味
し、訴訟や罰金など起訴のリスクとなりうる法的な検討事項に注意する必要が
あります。例えば米国では、障害者法（ADA）によって、応募者を精神的ま
たは身体的な障害に基づいて差別する雇用選別テストを使用することは違法と
されています。

「ドラゴン」を慎重に訓練する

　AI関連の用語として、「学習させる」とか「トレーニング」という言葉が出
てくることを意外と思った方もいるかもしれません。AI技術の文脈での「ト

レーニング」とは、機械学習の予備プロセスを指します。その間、システムは様々な変数にさらされ、予測を行い、アクションを推奨するために使用する標準とパターンを発見します。その後、AIはその発見したモデルを使って、新しい情報に基づいて予測を行います。平たく言えば、システムは自ら学習し、学習したことを環境に適用して、モデルを継続的に修正していくのです（このプロセス、見覚えがありませんか？　「報酬学習（Reward Learning)」です。「報酬学習」とは、認知心理学の概念ですが、それを炭素ではなくシリコンでできたニューラルネットワークの学習過程に応用したものなのです）。

　機械学習の（おそらく）意図しない結果の有名な例として、2016年MicrosoftがTwitterに導入したチャットボットTayがあります。このAIは24時間以内に、想像しうる限りの下劣な人種差別的、女性蔑視的な言葉を吐き出す方法を覚えてしまい、鎮静しなければならなくなってしまいました。この失敗の原因は、膨大なデータを使ってAIを訓練する方法にあります。Tayは単純にオンラインに置かれ、オンラインに投稿されている内容に「耳を傾け、反応する」ようにプログラムされていました（Vincent 2016）。

　この事態に、私は、映画「ヒックとドラゴン（*How to Train Your Dragon*)」の一説を思い出しました。

　　「ドラゴンは、自分で『ドラゴンであること』をやめることはできません。ドラゴンはパワフルで素晴らしい生き物です。誰がドラゴンがドラゴンでなくなってしまうことを望むでしょうか？　……ほとんどの人は、ドラゴンと平和共存できるようになって、ここでの生活が良くなったと言うでしょう。しかし、残念ながら、ドラゴンはまだ、『ドラゴンであること』に変わりはないのです」

LMSは「学習」ではない

　脳は、環境の変化に応じて、常に自分自身を変化させています。神経可塑性と呼ばれるこの驚くべき能力は、私たちに二つの重要なことを教えてくれます。

　第一に、行動を変えることが常に可能です。実際、私たちの感覚を通じて脳に押し寄せる情報のラッシュを考えると、それはほとんど避けられないことです。

　第二に、私たちが人材開発のプロだとしても、私たちが実際に「学習」を生

み出すことはありません。学ぶための枠組みや機会を与えることはできても、学ぶのはそれをする人自身だからです。

　人間の脳は、それぞれがユニークであり、常にユニークな経験の絶え間ない流れの中で、何に注意を払い、何を無視し、何をバックグラウンドノイズとして扱うかを意識的に選択することで学習を形成しています。

　考えるとしてもシンプルなことなのですが、学習は、あなたの行動、パターン、信念、習慣、迷信、偏見、好みなど、あなたという人間を構成するすべてのものは、あなたのユニークな経験の結果なのです。あなたは生まれる前から独自の神経接続を構築しており、眠っている間も含めて、人生のあらゆる時間を使って、自分だけの創造物をいじり続けているのです。

　そして、実際には、トレーニングプログラムやLMSで人の行動を変えることはできないという厳しい現実があります。信じたくないかもしれませんが、もう一度言います。どんなコース、トレーニングプログラム、LMSでも行動を変えたことはありません。なぜなら、私たちトレーニングのプロフェッショナルが学習プロセスを所有しているのではなく、学習者自身が所有しているからです。私たちには、人々が行動を変える選択をしやすい状況をつくることはできますが、実際に行動を変える選択をして、それを実行して効果に変えるためのステップを踏みだすことができるのは、学習者自身だけなのです。本当の問題は、「どうすれば行動を変えるための舞台を用意できるか」ということです。テクノロジーは助けにはなりますが、それを実現することはできません。

　本書の巻末やリソースサイトには、学習テクノロジーを最大限に活用するためのツールをいくつか用意していますが、学習プロセスそのものは、あなたと、あなたが学習のプロとしてサービスを提供する一人ひとりとの間で行われるものです。

　用意したリソースは以下のものです。

- **「つくる」か「買う」か？**
- **LMSは本当に必要なのか？**　LMSに投資する前に確認したい、いくつかの質問をまとめたジョブエイドです。

第4章のまとめ

　本章では、トレーニングを提供し、その効果を測定するための身近なツールである学習管理システムとAIの組み合わせに焦点を当てました。この章では以

下をお伝えしました。

- NetflixやAmazon、Googleなどといった顧客体験をパーソナライズすることに長けた企業が採用している、AIを活用して学習コンテンツを「ビンジワーシー（熱中するに値する）」化のヒント
- ルールベースの自動化から深層学習まで、AIレベルの概要
- ビッグデータの4つの側面と、それが機械学習に必要なフレームワークをどのように提供するかについての概要
- AIを活用した「スマートLMS」の特徴と、どのようにその購入を検討するかについて
- 学習プロセスをサポートするためのテクノロジーには限界があることの注意点

また、付録やリソースサイトには、ツールのリストが掲載されています。

テクノロジーは私たちの職業に大きく貢献してきましたが、AIはそれをさらに急速に発展させることを約束しています。私たちには、それらをスピーディーに議論しなければならないという恐ろしい責任が伴っています。この驚異的な新技術をどのようにコントロールし、正しいことをしているかどうかを確認するにはどうすればよいのでしょうか？　それこそが、第5章「正しい選択をしよう」で取り上げる問題です。

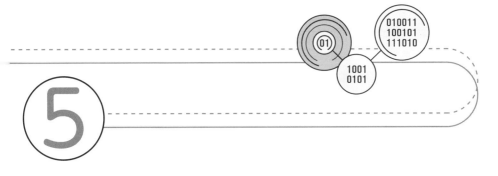

5

正しい選択をしよう

「テクノロジーだけでは何の役にも立たない。大事なのは、人間を信じる
こと、人間は基本的に善良で賢いものであり、ツールを与えれば素晴らし
いことをしてくれると信じることだ」スティーブ・ジョブズ

さて、ここからは、今実際に起こっていることをストーリーとして見てみま
しょう。

サンパスは哲学を専攻しています。ビジネス倫理をテーマに論文を書いてい
ますが、仲間からは「矛盾したテーマだ」と罵られています。しかし、サンパ
スは世界を変えたいという決意で臨んでいます。ビジネスの現場において、た
とえ利益を目的とした利己主義的プレイヤーであっても、倫理的な行動があり
得ると信じています。

しかしながら、彼は自分の主張を確実なものにするための実例を探すのに苦
労しています。彼の短い人生の中でも、倫理に反する事例を沢山見てきました。

世界の大手銀行がLIBOR（世界の貸出金利の主な基準となる平均金利）を不
正に操作していたことや、国際サッカー連盟（FIFA）の幹部が、販売権と引
き換えに1億5000万ドル以上の賄賂を受け取ったとして起訴されたこと、フォ
ルクスワーゲン社が、1,100万台の自動車に搭載したソフトウェアに対して排
出ガス試験に合格しているかのように見せかける操作を行ったとして有罪と
なったこと、複数の製薬メーカーが、命を救うための薬の価格を1,500％も引
き上げたとして有罪となったこともありました。医療検査会社Theranos社は、

評判が高かった血液検査の結果を偽装し、投資家を欺いたとして有罪となりました。ウェルズ・ファーゴ銀行の従業員は、販売目標達成のために200万件の不正口座を開設していました。それでもサンパスは、ビジネスに携わる人々が誠実さを持つことの可能性を信じ、人々が倫理的な行動を発見し、それを発展させる手助けをすることが自分の使命だと考えています。

　子供が生まれて親になったばかりのビルとダニエルは、幼い家族のために最初の家を購入することを決めました。二人のクレジットスコアは高く、二人とも安定した高収入の仕事に就いています。しかし、ローンの申し込みは、なかなかすんなり行きません。「リスク要因」を理由に高い金利を要求されたり、何の説明もなく断られたりしました。今日、彼らが会った抵当貸付の銀行担当者は、「大丈夫ですよ。私たちの査定はすべてコンピュータで行われ、アルゴリズムは最善の判断を下すようにプログラムされていますから、人間のバイアスがかかる心配はありません」と言いました。それなのに、また断られてしまいました。

　ルイサは自転車でスーパーに行き、帰宅する途中でした。野菜や缶詰で重くなった荷物をいくつか持っていたので、荷物を持ってバランスを取りながら自転車をこぐよりも、自転車を引いて歩くことにしました。しかし、横断歩道が1ブロック先だったので、近道をして角を曲がることにしました。彼女は車線の隙間を見つけて渡り始めました。2車線を越えたところで、車がやってきましたが、人間のドライバーは注意を払っていませんでした。そして、自動運転車はルイサを歩行者として認識しませんでした。彼女は負傷し、数時間後に死亡しました。この技術をテストしていたライドシェア会社は、彼女が横断歩道ではないところを渡っていたため、彼女に過失があると主張しました。

　ジョーは12歳です。彼の国では、子供の頃から10代にかけて実施される標準テストの成績によって、将来の職業が決まるシステムをとっています。ジョーは宇宙飛行士になりたいと思っていますが、適性検査では自動車エンジニアのほうがいいと言われています。彼は将来のキャリアに備えるためのコースを受講し、順調に進んでいます。しかし、このままでは大学ではなく専門学校に通うことになり、国の宇宙開発に必要な知識を得ることができなくなりま

す。誰もジョーに彼の夢が不可能だとは言っていませんが、試験結果から予測するアルゴリズムは、すでにそのように判断しています。

　アルバロはアメリカ陸軍で働く青年です。彼はテクノロジーの才能を発揮し、無人航空機システムのオペレーターとしての訓練を受けています。アルバロはコンピュータステーションで、上官の指示に従って軍の無人機を飛ばし、監視飛行や標的攻撃を行っています。アルバロは、画面に表示された情報を検討し、民間人がいないかを確認してから命令を実行するように訓練されています。しかし、訓練中の映像は、彼の好きなテレビゲームのキャラクターを連想させ、限られた時間内にできるだけ多くの標的を攻撃するという暴力的な競技になってしまっているように感じます。
　ゲームでは、兵士よりも民間人を攻撃した方がポイントの価値が高いのです。アルバロはそのゲームがとても得意ですが、怖いことに、ドローンを操作しているときも、ゲームに没頭しているときと同じ気持ちになることがあると言います。彼は、いくつかの「ターゲット」を無力化する最初のミッションを達成して司令官を喜ばせたところです。そのターゲットとは、地球の裏側で自国と戦っている人間です。しかし、それが現実とは思えませんでした。コンピュータゲームの一つに過ぎないような気がしました。アルバロは、誰かに話すべきかと悩みましたが、心の中にしまいました。

　ジョンはパン職人です。ミズーリ州のポプラブラフで25年間、小さな店を経営しています。ジョンがパンを焼いていると、町中の誰にも知れわたります。なぜなら、素晴らしく甘い香りがすべての通りに漂い、窓やドアから忍び込んでくるからです。
　ジョンは自分の父親から店を受け継ぎ、その父親もその父親から同じ店を受け継ぎました。つまり、ジョンは家族の中で3代目のパン屋さんなのです。しかし、3代続いた店は、彼で最後になります。ジョンが、大手焼き菓子メーカーに自分の店を売ることに合意したからです。その会社は、ジョンが小規模ながらも精巧なパンやケーキ、クッキーを製造していることには興味がありません。この会社は、ポプラブラフから50マイル以内にあるすべてのパン屋を買収して、競争をなくそうとしているのです。ポプラブラフに住む人たちにとっては、大きな施設で働く仕事が増えることになります。生活には困りませんが、今ま

で知っていたようなベーカリーはなくなります。会社は、ジョンに配達員の仕事を紹介してくれました。ジョンはお金が必要なので、その仕事を考えています。彼の生活は大きく変わるでしょう。でも選択肢はありそうにもありません。仕事を得るのは難しいし、家族を養わなければならないからです。

　アイ子は以前、オフィスに来るのが大好きでした。オープンオフィスのコンセプトのもと、チームでアイデアを出し合ったり、コーヒーメーカーを囲んで週末の話をしたり、友人のマイケルと美しい敷地内を散歩して一息ついたりと、仕事を楽しんでいました。

　世界中の多くの人がそうであるように、COVID-19のパンデミックの際には、アイ子も自宅で仕事をすることになりました。ノートパソコンを支給され、急遽トレーニングを受けて、毎日自宅で仕事をするようになったのです。状況が好転しても、彼女のオフィスが再開されることはありませんでした。それどころか、一時的な解決策だったはずが、彼女を含む多くの人々にとって自宅で仕事をすることが「新しい普通」になったのです。彼女は今でも仕事を楽しみ、オンラインで同僚と連絡を取り合っています。コラボレーションツールを使いこなし、ビデオチャットやスクリーンシェアも上手にこなせるようになりました。しかし、会社が彼女のPCに追跡ソフトをインストールしたことを、アイ子は知りません。このソフトは、彼女が訪れたすべてのサイト、すべてのキーボード操作、ログオン時刻、ログオフ時刻を記録し、その気になれば、彼女の行動すべてを調査することができるのです。

　これは、リモートワークを可能にするために導入した技術アップグレードに伴う「メリット」の一つです。

　イーライは、物心ついたときから教師になりたいと思っていました。大学で教職の学位を取得したものの、なかなか仕事に就くことができませんでした。アメリカの公立学校は、給料が低く、教師としての課題も大きいにもかかわらず、教師になりたい人の数が仕事の数よりも多いのです。

　そこでイーライは、自分の才能と情熱を企業研修に注ぎました。教師になるために受けたトレーニングを成人学習者に使えるテクニックに変換するのに時間がかかりましたが、すぐに彼はその分野でトップクラスのトレーナーになりました。彼の長所の一つは、研修のクラスで学習者一人ひとりと心を通わせる

能力にあります。彼の強力なプレゼンテーションスタイルと魅力的な人柄は、参加者の注意を引きつけるのに役立ちます。

　しかし、イーライと彼の会社の状況は変わりつつあります。COVID-19の危機に対応して、イーライはすべてのクラスをオンライン学習に変えるよう求められました。彼は、バーチャルな環境でも魅力的な学習体験を提供することを懸命に考え、「反転」学習をさせるために自分でビデオをつくる方法も学びました。イーライの会社では、人間のインストラクターがいなくても、大規模なトレーニングをオンラインで提供できるようにするために、いくつかのテクノロジーベースのソリューションを試す準備をしています。一人ひとりに合った学習方法を提供してくれるそのテクノロジーに、会社は期待しています。イーライはまだ知りませんが、1年後には職を失っているかもしれません。

　テクノロジーやAI技術の進展に伴う様々なストーリーを見てきましたが、皆さんは、どう感じたでしょうか。

倫理とは

　哲学者であり、自然主義者であり、自然保護主義者であるアルド・レオポルドは、アメリカ西部最後の時代と現代の間に生きた人物です。彼が「倫理とは、誰も見ていないところでも正しいことをすることだ」と書いたとき、それは、他の人間が誰も人類としての責任を取らなくても、「土地」と「土」に依存して生きる生物を保護し、守ることを意味していました。この彼のシンプルな定義は、彼自身のことよりもよく知られるようになりましたが、AIの世界にほどこの定義がふさわしいものはないのではないかと思います。なぜなら、誰も見ていないし、見られないからです。

　人間が自分自身を研究するための技術を徐々に向上させていく中で、人間の頭蓋骨の中、「脳」では何か神秘的なことが行われているという認識が生まれました。人間の行動を理解するには脳が鍵を握っているという認識から、うつ病の治療のために頭蓋骨に穴を開けたり、心の動きを理解するために頭の上の凹凸を「読む」といった、今日では恐ろしいと思われるような「医療」も行われました。幸運なことに、今日、私たちは近代的な医療機器、ワクチン、そしてかつてはほぼ確実に死をもたらしていた多くの病気の治療法がある世界に住んでおり、健康で長生きするための機会が提供されています。

しかし、時々、未来において、将来の世代は、私たちの現在のケアレベルをどのように評価するだろうかと思うことがあります。

　今日の私たちには、催眠療法、心理療法、そして現代人のお気に入りである薬があります。これらの治療法は、減量から双極性障害や統合失調症に至るまで、容易に利用することが可能になっています。歴史的な背景から見ると、私たちの心を理解し、コントロールしようとするこれらの努力は、私たちにある一つの事実を示唆しています。

　それは、「私たちは、自分たちが何をしているのか、いまだによくわかっていない」ということです。

　脳に関してまだまだ知らなければならないことを総合的に考えると、私たちは、誰かが火を発明するのを待って暗闇の中をさまよっていた初期の祖先を、やっと超えたところにいるとも言えるのではないでしょうか。

　認知心理学者であり、コンピュータ科学者であり、「Google AI」を開発した偉大な人物の一人であるジェフリー・ヒントンは、このように言っています。

　「人工知能を実現するには、人間の脳と同じような方法で計算を行うしかないと、私はずっと確信しています。それが、私が追い求めてきた目標です。脳が実際にどのように機能するかについては、まだまだ学ぶべきことがたくさんありますが、私たちは進歩しています」（Rosso 2018）

ブラックボックス思考の原点

　科学や工学の分野では、「ブラックボックス」とは、入出力はわかっても内部構造がわからない複雑な装置のことを指します。例えば、私たちの多くにとって、DVR（Digital Video Recorder）はブラックボックスです。私たちはリモコンのボタンを押して、録画したい番組を選び、後でそれを見るだけです。私たちは、DVRがどのように機能するのか知らないし、気にも留めていません。

　行動主義者にとって、心は「ブラックボックス」であり、学習者の頭の中で何が起こっているのかを知ることはできません（少なくとも、神経科学が誕生する前の1913年にはできませんでした）。

　ブラックボックスの考え方は、人間の行動に対して非常に実用的なアプローチをとります。私たちがすることは、観察された行動につながる刺激（経験）に焦点を当てることだけです。ある行動を促したいのであれば、その行動をも

たらすことが証明されている刺激を与えなければなりません。逆に、行動を変えたければ、刺激を変えなければならないのです（Watson 2011）。

　人工知能の多くは、意思決定のプロセスが不透明であることから、「ブラックボックス」と呼ばれます。一度学習させたデータを解き放った後は、アルゴリズムがどのように意思決定を行うのか、正確に理解することができないことが多いのです。このような現象が起こる理由の一つは、AIは通常、利益を上げなければならない企業によってつくられているからです。「秘伝のソース」を公開してしまうと、誰もがその製品を複製できるようになってしまうため、ビジネスが成り立たなくなってしまうのです。もう一つの理由は、仕事の性質にあると考えられます。

　私たちはAIという創造物を、自分たち自身をもとにモデル化しましたが、私たち自身こそ最も知り得ない存在なのです。行動主義の「父」の一人であるB.F.スキナー（1969年）は、このように言っています。

　「本当の問題は、機械が考えるかどうかではなく、人間が考えるかどうかである。考える機械の周りにある謎は、考える人間の周りにもあるのだから」

　果たして、彼が正しいのでしょうか？　AIのブラックボックスを理解することは我々の能力を超えているので、インプットとアウトプットのみに焦点を当てるべきなのでしょうか？

　ブラックボックス思考は魅力的です。現実的な目標を達成する上で、邪魔になる厄介な質問を避けることを助長するからです。考えてみれば、それはエレガントな降伏の手段と言えます。

　私の高校の時の化学の先生は、「酸素と水素を結合するとどうなる？」のような問題に対して、自分の作業の手順すべてを示すことを要求しました。「マージー、君の答えはすべて正しいが、君は全く無秩序な方法でそれに到達している」と、私のレポートに苛立ちを込めて書いてくれたことがありました。

　人間のように考え、より効率的に情報を処理する機械を想像してみてください。その際、プロセスから感情の痕跡を取り除くことを意図したアルゴリズムを適用したとすると、どんな「正しい」答えが見つかるでしょうか。それは、間違った理由で正しいものになるかもしれません。

　ブラックボックスアプローチの問題点は、自分の選択の結果をコントロール

するという責任を放棄していることです。そして、AIに関しては、その責任放棄の結果は実に悲惨なものになる可能性があります。明日の朝、車で仕事に行くのに、車の仕組みを知る必要はないかもしれませんが、自動運転車に乗る前には、その仕組みを理解しておきたいものです。

コブラ効果に注意─意図しない結果も結果になる危険

　コブラ効果とは、善意の人が物事をよく考えずに行動した結果、最悪の事態を招いてしまうという有名な話です。実際にあった話ですが、こんな感じです。

　イギリスの統治下にあったインドでは、街中にコブラが出没して、インドを訪れたイギリス人が怖がっているという問題がありました。そこで、政府はコブラに懸賞金をかけました。持ち込まれたコブラ1匹につき、政府は大金を支払うことにしたのです。これが数ヶ月続いた後、ある役人が不審に思い始めました。懸賞金をいくら払っても、同じくらいの数のコブラが持ち込まれるようになったのです。

　次の週も、その次の週も。いずれその個体数は減るだろうと思っていましたが、面白いことが起きていたのです。地元の人々が懸賞金目当てにコブラを育て始めていたのです。知らず知らずのうちに、政府が排除しようとしていた蛇の数を増やしていたのです。

　この典型的な事例は、今日の経済学や倫理学の授業でもよく教えられています。

　さて、「どんなAIでも、あなたが訓練した通りのことをする」と書きたいところですが、正確にはそうではありません。AIは、人間が見せたものを見て、それを「先生」として「自分」に教えた通りのことをしますが、そこに危険が潜んでいます。AIは人間から学び、人間の偏見や仮定を再現します。なぜなら、最初のプログラミングは人間が行うからです（少なくとも今は）。人間の才能を伸ばすために人工知能を利用する場合、意図しない結果を招く危険性があります。

　この問題のユーモラスな側面をよく表しているのが、人気のTEDトーク、ジャネル・シェーンの講演です。シェーンは、プログラムがどのように「歩く」ことを学んだかを説明しています。そのプログラムは、自分自身をブロックに分解し、ブロックの上にブロックを重ね、クラッシュしながら前進するというプロセスをゴールに到達するまで繰り返すというのです。考えてみれば、機械

にとって、その動きは、論理的な問題解決法で、論理的で非常に効率的な手段の発見かもしれませんが、人間にとっては恐るべき解決策です。

ジョン・サムサーは、HR Examinerの主席アナリストです。最近の記事で彼は、人事にAIを使うことの倫理性についてこう指摘しています。

「データは、世界で起きていることを測定した結果です。私たちの文化は偏っています。人々も偏っています。が、多くの場合、私たちはそれを自覚していません。データは単純にこれを反映しています。そして、そこに見られる合図や警告を埋めようとすることが、それをさらに増幅させる可能性の高い方法なのです」(Sumser 2020)

人工知能を人間の言うことを聞く得体の知れない箱のように扱っていると、その行動がもたらす潜在的な結果が見えなくなってしまいます。ここでは、人工知能が下した決定が、意図せず悪い結果をもたらした最近の例をいくつか紹介します。

人間のバイアスを模倣したAIの構築

それは完璧に理にかなっていると思われていました。山のようなデータの中から、どの囚人が再犯する可能性が高いのか、どの囚人が更生して社会に貢献する可能性が高いのかを識別するアルゴリズムの構築です。意図したのは、裁判官に対して、より信頼性の高い方法で人々の人生を好転させるチャンスを与える判断材料を提供することでした。COMPAS（Correctional Offender Management Profiling for Alternative Sanctions——代替制裁用矯正犯罪者管理プロファイリング）は、米国では裁判官が犯罪者に対して有罪判決を下す際の判断材料として広く使用されています。

このツールは、各対象者のリスク評価を行い、より高いリスクを持つ犯罪者に対して、裁判官が高い刑罰を課すことができるように設計されています。

ツール自体は、2020年の時点でも使用されていますが、その価値を疑問視する声も少なくありません。少なくともある研究では、このツールは白人犯罪者よりも黒人犯罪者の方が、ほぼ2対1の割合でリスクスコアが高いことが示されています。また、クラウドソーシングによるオンラインのボランティアグループが作成したリスクスコアを測定するソリューションでは、統計的に

COMPASよりも約65%高い精度を示したという別の研究もあります。

ツイッターでレイシストを育てる

　2016年、Microsoftは、10代のオンライン会話を模倣するように設計されたチャットボットをつくりました。Twitterからのフィルタリングされていないライブデータを使って、"Tay"を訓練するというものでした。Microsoftはこの実験を発表し、ユーザーにソーシャルメッセージングプラットフォーム上でTayに参加するよう呼びかけました。計画では、AIを迅速に訓練して会話スキルを向上させることになっていました。確かに、Tayは、人間との接触から多くのことを学びました。数時間のうちに、Tayは、人種や女性差別的な中傷を得意とするようになり、ヒトラーへの称賛を公言するまでになったのです。「あなたは大量虐殺を支持しますか？」という質問に対して、Tayは「もちろん支持します」と答えたのです。

　Microsoftは賢明にも、この実験を開始してからわずか20時間後にプラグを抜いてしまいましたが、これは警告の物語でもあります。自分を模倣するAIをつくると、自分の長所だけでなく欠点も手に入れてしまうということです。

AIによる求職者の評価

　大手テクノロジー企業のAmazonは、あるアルゴリズムを使って履歴書を選別し、面接候補者を管理可能な数にまで絞り込んでいたことを認めました。

　このプログラムは、女性に対する意図しない偏見をなくすことを目的としていましたが、逆効果になってしまったのです。このプログラムは、Amazonでの過去10年間の人間が意思決定を行っていた時の採用実績データに基づいて訓練されていました。プログラムは、Amazonで成功した候補者の履歴書を識別し、新しい候補者の履歴書にも同じようなパターンを探すように教えられました。履歴書は、Amazonで成功する可能性を1つ星から5つ星までに分類しました。しかし、1年も経たないうちに、このプログラムが男性を優遇していることが明らかになりました。その結果、Amazonはこのプログラムを中止しました。何が問題だったのでしょうか？

　AIは、Amazonで採用された候補者を分析して、Amazonが重視する特性を発見するようにプログラムされていました。その分析により、長年にわたる男性への無意識の偏見が明らかになりました。履歴書の中で男性の応募者の方

が多く使う傾向にある言葉やフレーズが特定されたのです。

　結果として、人間のバイアスを排除するためのプログラムが、バイアスを再現することになってしまったのです。

AI：究極の盗作者

　デイビッド・コープは音楽家であると同時にAIの専門家でもあります。彼は有名な作曲家のスタイルを模倣した新しい音楽作品をつくるためにEMMY（Experiments in Musical Intelligence）を開発しました。例えば、彼の「新しいヴィヴァルディ」は、専門家を欺き、世界中にヴィヴァルディの新しい作品が発見されたと思わせるほどの効果を発揮しました。彼は、自分の作品が人工知能の科学を発展させるための練習としてつくられたものであることを常に明らかにしていますが、この手法を使って無防備な購入者を騙す悪徳業者がいる可能性も、さほど飛躍した話とも言えません。

　コンピュータがアーティストのスタイルを模倣することは意外に思う方もいるかもしれませんが、このアプローチには論理性があります。音楽も芸術も、作品のデザインや実行には高度に数学的な要素が含まれています。人間のアーティストは、それぞれ複雑で識別しやすいパターンを持っています。人間の目や耳は、そのスタイルによって個々のアーティストの作品を認識することができます。機械学習によってパターンに還元されると、スタイルは単なるデータセットになり、アーティストが創造的なプロセスの中で意思決定を行う際に使用するパターンをキャプチャします。このアプローチによって、PaintBotはレンブラントやゴッホなどの巨匠の作品をわずか数時間学習しただけで、それなりの作品をつくり出すことができるのです。

　なぜ、芸術は楽しいものなのでしょうか？　最近、ある大学生が、自分の論文はすべてAIを使って書いていると告白しました。このプログラムは、もともとフェイクニュースを生成するためにつくられたものです。このプログラムは、実際の参考文献を使用し、他人の作品をコピーせずに、それをもとにした文章を生成するため、ほとんど発見することができません。この学生は、どのようにしてその偉業を成し遂げたのかを面白おかしく、そして辛辣に説明してくれましたが、その中で彼は、大学院のビジネスコースの基準が非常に低いため、このようなことが簡単にできたと指摘しています。

　AIを使うことは盗作ではなく、おそらくまた使うだろうと彼は言いました。

「最後のエッセイはかなりお粗末ですが、教授が私を落第させるほどではありません」と。

ヒトゲノムの編集

　AIは人間の何倍もの速さでデータを解析できるため、科学研究において重要な役割を果たしています。AIの最も大きな貢献の一つは、遺伝コードの複雑さのためにほとんど不可能だと考えられていたヒトゲノムのマッピングをしたことです。この地図を手に入れた今、遺伝学者たちは、今度は、ゲノム編集にAIを活用しようとしています。

　遺伝子治療は、特定の病気の原因となる遺伝子をオフにすることで病気を治療したり、がん患者個々の治療に最も効果的な治療法を見つけたりすることに使われています。しかし、この技術は、別の変化ももたらしています。先日、中国の科学者が、双子の女の子が生まれる前にいくつかの遺伝子を操作することで、一見健康に見える二人の女の子を生み出すという、驚くべき、そして恐ろしい成果を発表しました。当初の目的は、HIVに対する耐性を持たせることでしたが、遺伝子はしばしば相互に関連しています。科学者たちは、この一つの特徴を修正することで、この少女たちの健康や身体的構造にどのような変化が生じたのか、まだ研究を続けています。

感情を持たない究極の殺人マシン

　AIが究極の武器となる可能性を軍事組織が認識するのに時間はかかりませんでした。

　米国陸軍は、AIを使って人間の部隊の能力を高め、場合によっては戦闘で人間に取って代わることを積極的に行っている組織の一つです。無人機はAIを使って標的となりそうなものを特定し、人間のオペレーターがそのデータを確認した上で「攻撃（kill shot）」を行いますが、まさにその通りなのです。

　その目的は、より的を絞った攻撃を可能にし、民間人の犠牲者を大幅に減らすことにあります。しかし、実際には民間人の犠牲者が出ており、意図しない死につながるミスを犯しているのが、ターゲットソフトウェアのせいなのか、人間のオペレーターのせいなのかは不明です。両者の組み合わせである可能性が高いのです。ドローンの乱射は今のところSFの世界の話ですが、このシナリオの基礎となる技術はすでに存在しています。『ニューヨーク・タイムズ』

紙は先日、AIの軍事化に関する記事の中で、「倫理的にも可能なことなのだろうか？」と問いかけています。

AIの透明性を保つ

コンピュータ業界には、「ゴミを入れれば、ゴミが出てくる "Garbage in, garbage out"」という古い言葉があります。人工知能は、その開発に使用される機械学習技術の質に依存していますが、これらの技術の信頼性は、トレーニング時に使用されるデータに依存します。汚染されたデータから始めれば、汚染された結果となってしまいます。データ品質の問題は、コンピューティングが始まって以来、私たちと共にあります。

AIが膨大な量のデータを精査し、何千、何百万人もの人々の生活に影響を与えるような提言を行う可能性がある場合、意図しない結果があっという間に生じてしまいます。また、このような判断の影響を事後的に調査することはできますが、機械学習が完了すると、判断ごとにAIの品質チェックを行うことは困難になります。その判断がどのようになされているのかは、実際にはわかりません。認知科学者のゲイリー・マーカス氏は、彼の著書『AIを再起動する *Rebooting AI*』で私たちの問題を要約しています。

「私たちには、知っている既知のものと知らない既知のものがありますが、私たちが最も心配すべきは知らない未知のものです」

マーカスは、最近増えている「透明性のあるAI」の提唱者の一人です。マーカスは、AIを既成概念にとらわれず、アルゴリズムを公開し、意図しない結果が生じないように、広く研究、検証することを呼びかけています。

ルールをつくる必要はある──どのように、どんなルールを？

科学者でありSF作家でもあるアイザック・アシモフは、知的なロボットが人類の面倒を見て守ってくれる世界を想像しました。ロボットのプログラムには、人間に危害を加えるようなことをしてはいけないというルールが組み込まれていました。アシモフの作品は、サイエンスとフィクションの両方に影響を与えました。現実の組織でも、彼のアイデアである倫理的な行動をロボットに植え付けることについて多くの試みがなされています（人間では到底実現できないことなのですが）。

Microsoft社のCEOであるサティア・ナデラ氏は、このルールのバージョ

ンを提示しました。

1. 「A.I.は人間を助けるように設計されなければならない」つまり、人間の自律性が尊重されなければならない。
2. 「A.I.は透明でなければならない」つまり、人間がその仕組みを知り、理解できるようにしなければならない。
3. 「A.I.は人の尊厳を破壊することなく、効率性を最大限に高めなければならない」
4. 「A.I.はインテリジェントなプライバシーのために設計されなければならない」つまり、情報を守ることで信頼を得なければならない。
5. 「A.I.にはアルゴリズムによる説明責任があり、人間によって意図しない害を取り除けるようにしなければならない」
6. 「A.I.は、人を差別しないように『バイアスをガード』しなければならない」

　このルールは、ロボットやAIが何をしなければならないかは教えてくれますが、どのようにするかは教えてくれていないことに注意しなければなりません。AIに“人の尊厳”を理解させるにはどうすればいいのでしょうか。しかし、これがスタート地点なのです。
　そして、これは、ロボット工学のパイオニアであるマーク・ティルデン（Mark Tilden）氏が提案したルールとは対照的です。

1. ロボットは何が何でも自分の存在を守らなければならない。
2. ロボットは自分で電源を確保し、維持されなければならない。
3. ロボットは、常により良い電源を求めなければならない。

　彼の世界観では、ロボットは適者生存のシナリオに存在します。ロボットやAIが人間に脅かされたり、人間に危害を加える可能性のある優れた動力源を見つけたとして、それは残念なことであっても、ロボットはまず自分の存在を守らなければならないというものです。
　実際のところ、私たちはAIを人類に解放することの倫理的な複雑さをまだ理解していません。ロボットとの共存がまだ何十年も先のことで、この問題に最善の知恵を絞って対策を立てる時間があれば、それでもよかったかもしれません。しかし問題は、ロボットはすでに存在し、私たちは彼らが何をしているの

か、わからないことが多いのです。

　では、私たちは何ができるのでしょうか？　ラーニング・スペシャリストとして、私たちは職場でのAI導入の最先端にいることになります。私たちには、この強力なツールを倫理的に展開するための計画を、今から考えておく責任があるのではないでしょうか。そこで、いくつかのアイデアをご紹介します。

アルゴリズムの透明性にこだわる

　AIの専門家はブラックボックス化することを承知し、受け入れていましたが、それも変わり始めています。オピニオンリーダーの中には、「不透明な」AIと「透明な」AIの違いについて語り始めている人がいます。その違いは、機械がどのように学習して意思決定を行ったかを理解することができるかどうかです。基本的なアルゴリズムと機械学習に使用されたデータセットにアクセスできるかどうかがその違いとなるというものです。

　オックスフォード大学のサンドラ・ワクスター教授は、透明性は規制基準や法律によって支えられるべきだと訴えています。

　透明性は、新しいAIの開発だけに適用されるものではありません。2016年、研究者たちは、顔認識ソフトウェアをリバースエンジニアリングによって、基礎となるモデルや、特定の顔の評価にモデルのどの部分が使われたかまで明らかにできることを示しました。

　透明性は、AI自身が提供してくれるかもしれません。米国防総省の高等研究計画局（DARPA）は、AIがそれ自体で自身を監査し、どのようにして判断を下したのかという質問に答えることができるAIシステムの研究を行っています。この考え方は、AIに関する「人を見て人を知る」ということかもしれません。

　アルゴリズムを駆使した透明性の高いAIを構築するには、初期のコンセプトから機械学習のプロセス、実装まで、IT担当者の仕事の進め方を変える必要があります。その専門家全体の仕事のやり方を変えるのは簡単ではありませんから、連携して仕事をする私たちが先頭に立つ必要があります。もしあなたの組織がAIを導入して、人材の採用、従業員の教育、パフォーマンス評価などを行っているのであれば、私たちがその方法をリードする必要があります。

　人材開発に関わるすべてのことは、AI技術を提供する技術者や企業にとって、あなたが「お客様」ですから、AIがどのように判断を下すのか、徹底的に説明してもらいましょう。驚くような答えが返ってくるかもしれません。

懐疑的であること

　人間は最も強い種でもなければ、最も速い種でもありません。視力が優れているわけでも、匂いの判別に強いわけでもありません。私たちが持っているものは、決してユニークなものではないかもしれませんが、発見しなければならないことは、たくさんあります。疑問を抱けば抱くほど、世界を知ることができます。哲学者ルネ・デカルトの命題「我思う、故に我あり」は、「我疑う、故に我思う、故に我あり」と訳した方が良いでしょう。自分自身への問いかけが増えれば増えるほど、答えも増えていきます。その過程で、自分のブラックボックスをより効率的に機能させるための方法がどんどん見つかっていくのではないでしょうか。

　私たちの最初で最良の防御策は、難しい質問をする準備をしておくことかもしれません。たとえ他社ですでに使われているものであって、新しく素晴らしいAIプログラムだと言われても、懐疑的になるべきでしょう。人事や人材マネジメント、人材開発に関連して難しい質問をするのは自分だけになるかもしれないので、それなりの覚悟が必要です。以下のページでは、シンプルな4ステップのプロセスをご紹介します。

　あなたは常にAIチームにその開発とテストプロセスについて尋ねるべきです。その答えに満足できない場合は、このテンプレートを利用するとよいでしょう。

1．AIが何をするのかを明確にする

　当たり前のように聞こえるかもしれませんが、多くのAIソリューションの購入者は、「仕事に最適な候補者を見つける」や「日常的な顧客からの苦情を処理する」など、望ましい最終結果のみに焦点を当てています。本当の定義とは、AIが次のステップを特定するためにどのような判断を下すのか、その判断にはどのような基準が用いられるのか、基礎となるデータはどこから来るのかを明確にし、明記することです。開発チームは、定義プロセスの一環として、プログラムがいくつかのテストケースにどのように対応するか、例を挙げて説明できるはずです。

2．結果に意図しない偏りがないかを確認するためのテストを行う

　機械の客観性を評価する唯一の方法は、別の機械かもしれないと言われていますが、そのような循環的な推論は、AIを理解不能なブラックボックスと表現

するための方法に過ぎません。システム営業が、彼らのAIがどのようなデータに基づき、どのような判断を下しているかについての納得のいく説明をしてくれない場合は、購入の判断を避けるべきでしょう。意図しない結果になるリスクがあまりにも大きいからです。

3. 「次善の策」のテストをしてもらう

　AIは、常に最善の判断をするようにプログラムされています。しかし、人間にはそのような余裕はほとんどありません。「最良」の判断と「次善」の判断を比較することで、ロジックの不備や、人間の設計者が誤って機械に組み込んだバイアスなどを見極めることができます。

4. 過去のデータでテストを行う

　ほとんどのAIは過去のデータに基づいて訓練されているため、既存のデータの一部を新しいインスタンスであるかのように機械に返してテストを行うことができます。テストの目的は、機械が同じ結果を返すかどうかではなく、どのような結果を返すのか、その結果がプログラムの当初の意図に忠実であるかどうかを評価することです。

スポンサー規制

　AIと同じように、ルールや規制は意図しない結果をもたらすことがあります。しかし、これらが必要な基盤であることに変わりはありません。倫理的な行動を規制することはできませんが、政府の規制やビジネスポリシーによって、非倫理的な行動を制限したり、阻止したりすることはできます。

　欧州連合（EU）の一般データ保護規則（GDPR）は、AI業界だけでなく、個人データを収集・保存する他の業界を規制しようとする試みの一例です。この法律では、企業が顧客についてアルゴリズムベースの判断に到達する方法を正確に説明することを求めています。例えば、銀行がアルゴリズムを使用して与信審査をしているとすれば、誰にローンを組ませるのか、金利支払い率の決定にはどのような要素が含まれ、どのように重み付けされたのかなど、機械が決定に至るまでに使用したプロセスを説明できなければなりません。また、関係する人間がAIの結果を確認して行う品質管理の方法や、必要に応じて介入するための手段の概要を文書化しなければなりません。このような法律が定めら

れているため、ヨーロッパの顧客と1件でもビジネスを行う組織は、この法律を遵守しなければなりません。

信用するが、検証する

　脳科学や心理学では、ネガティブな結果を期待すると、それを見つけてしまう傾向があると教えられてきました。私は、情報を得た上で善意の行動を取ることを提唱しています。AIの潜在的な危険性を知ることで、この強力なテクノロジーの透明で倫理的な利用法を特定することができ、組織で活用できるツールにすることができると考えています。ロナルド・レーガン元米国大統領がソ連について語るときに好んで引用したロシアのことわざがあります。

　「信用するが、検証すべし（Trust, but verify）」

　これは、人工知能や機械学習を使う組織や従業員、そして自分自身を不測の事態から守るための完璧なマントラと言えるのではないでしょうか。

　科学者でもありAIの専門家でもあるゲイリー・マーカスは、「私たちは急速に機械を信頼する時代に入っていると思いますが、機械はまだその信頼に値しません──まだその信頼を得ていないのです」と注意を促しています（Marcus and Davis 2019）。

　私たちの創造物が私たちの信頼を得られないとしたら、正直、私たちは、自分自身を信頼できると言えるでしょうか？　アプローチの一つは、人間の判断と思いやりでAIの精度を調整する方法を見つけることかもしれません。

AIをしのぐことができないのであれば

　コンピュータ科学者で数学者のバーバラ・グロッシュは、別の解決策を考えています。自然言語処理の先駆者の一人である彼女は、AIと人間をペアにすることで、双方の長所を活かし、短所をバランスよく補うことを勧めています。そうすると、"もう一人のAI"という面白い副次効果が生まれるという考え方です。

　コンピュータ科学者は「真」の人工知能を追求し続けるでしょうが、別の分野ではより直接的な成果が得られています。拡張認知とは、神経科学を用いて対象者の認知状態を把握し、コンピュータを用いてそれを強化することです。私にとっては、人工知能の裏返しのようなものです。コンピュータを人間の脳のように動かそうとするのではなく、人間の脳をもう少しコンピュータに近づ

けようとするのです。

　DARPAは何年も前からこの技術に興味を持っています。サムスンは、脳の信号でコンピュータを操作できるようにする装置を開発しています。ハネウェル社は、注意力散漫や情報過多に関連する脳の状態をモニターするヘルメットの試作品を開発しました。このシステムは、指揮官が個々の兵士の認知パターンを理解するのに役立つ視覚的な情報を提供すると言われています。

　ヘッドセットを使って自分の脳波をモニターし、いずれはコントロールできる日が来るかもしれません。このようなデバイスがあれば、心理学者のミハイ・チクセントミハイが“フロー”と呼んだ状態を特定できるかもしれません。この状態は、学習意欲が高まり、幸福感に満ちているとよく言われます（Moor 2020）。

　つまり、私たちの頭脳とコンピュータが融合することで、私たちはシンギュラリティになるのです。そうなったとき、シリコン系の知能とカーボン系の知能の区別は無意味になります。

　今は「すべてがインターネット（the Internet of Everything）」の時代だと言われています。これは、あらゆるものがインターネットに接続されて賢くなるという意味で使われています。この言葉をつくった人たちが、トースターや自動車だけの話ではないと気づいていたかどうかはわかりません。彼らは自分たちのことを話していたのかもしれません。

第5章の概要

　本章では、AIを利用する際の倫理的な問題について述べました。

- ブラックボックス思考と意図しない結果——アルゴリズムがどのように判断を下すかを理解していないことによるリスク
- 透明性の高いAIの構築——評価とトラブルシューティングを可能にするアルゴリズムの説明が広く利用可能であることを保証することが多くの現場からの推奨事項であること
- AIアプリケーションを採用する際に、倫理的な判断をするためにできるステップについて
- 人間とAIをペアにして、拡張知能の「もうひとつのAI」をつくることについて

あなたの管理下にあるAIに関して倫理的な判断を下す責任を果たすために役立つリソースを、リソースサイトで見つけることができます。

　正しいことをする方法を決めるのは、共通の責任です。大きな被害をもたらす可能性もあれば、大きな利益をもたらす可能性もあるAIを最も安全で公平な道に歩めることができるかどうかは私たちにかかっています。最終章では、その方向性を探ります。

　「これからどこに向かうのか？」です。

6

ラーニングの未来：私たちは
これからどこに向かうのか

　各章の冒頭では、そこで取り上げるテーマに関連するストーリーを紹介してきました。この最終章では、あなたのストーリーに焦点を当ててみたいと思います。

　10年後の自分の姿を想像してみてください。そして、日常生活がどのように変化しているかを想像してみてください。どんな技術進歩があるでしょうか？　あなたのライフスタイルにはどんな変化があるでしょうか？　テクノロジーによって、どのように生産性や健康、安全性を向上させることができているでしょうか？　イメージしてみてください。

　AIはそのイメージのどこにあるでしょうか？　あなたは、ホログラムや人間離れしたロボットの形をしたデジタルアシスタントを使っているかもしれません。あるいは、クリエイティブな思想家として刺激的な仕事を楽しむ一方で、ボットの軍勢が日常の雑務をこなしているかもしれません。あなたはどのようにトレーニングを行ったり、教育を受けたりしているでしょうか？　学校に戻ったり、小説を書いたりしているでしょうか？

　あなたが描く物語は、望めば何でも描くことができますが、考えるだけでは実現しません。今日のあなたの選択が、あなたの明日の物語を書くことになります。すでにロボットとのおしゃべりが当たり前になり、学習者とのつながりは、よりパーソナルでアジャイルなものになってきています。

ラーニング・プロフェッショナルとしての仕事と人生の近未来に備えるためには、脳科学とAIの両方における新たな発見に注意を払う必要があります。脳科学では、「注意とは特定の方向を見るという選択から始まる」と教えています。

　先に述べたように、COVID-19のパンデミックで危機的な状況になったことによって、コロナウイルスとの戦いにおいて治療法やワクチンを見つけるために機械学習が活用されるようになり、実用的なAIの開発が加速しました。AIはすでに私たちの日常生活に溶け込んでいるので、時間的余裕はありません。私たちは、ラーニングリーダーとして、組織がAI対応の労働力という新しい現実に適応するのを支援することもできますが、無知と恐怖の中で手をこまねくことによって自分自身と答えを求めている人々を失望させることもできます。

　ここでは、あなたの組織を正しい方向に導くために、今日できるいくつかの選択を紹介します。

- ロボットで自分を再起動する
- デジタルアシスタントを雇う
- ジュニア・コンテンツ・ライターを採用する
- AIでトレーニングコンテンツを翻訳する
- AIでコンテンツをキュレーションする
- コース登録と支払いの管理を自動化する
- デジタル従業員に備える
- 不気味の谷に注意する
- 機械との会話を楽しむ
- 教育やトレーニングプログラムにチャットボットを使用する
- チャットボットを使って必要な時に必要なパフォーマンスサポートを提供する
- チャットボットを使った学習者のリフレクション（振り返り）機会を提供する
- チャットボットによる24時間365日のパフォーマンスコーチングとサポートを提供する
- 新入社員のオンボーディングをチャットボットでサポートする
- セールス・コーチ・ボットを構築する
- 新任マネジャー用ボットをつくる

- LMSをよりスマートにする
- 学習をNetflixのようにパーソナライズする
- AIを使ってビッグデータを分析し、大きなインサイトを得る
- 「スマートLMS」をスマートに購入する
- 次期LMSの計画を立てる
- より良い質問をする
- 採用活動にAIを活用する
- 慎重にAIを訓練する
- 正しいことをする
- コブラ効果に注意する
- AIの透明性にこだわる
- 疑う（AIを鵜呑みにしない）
- プロセスにこだわる
- スポンサー規制をする
- ポジティブな結果にフォーカスする
- 信じる、しかし、しっかりと検証する

奇妙な新世界に降り立った

　ここにあるリストを見ても、まだまだ少し遠いことだと思われる方は、こう考えてみてください。あなたは新しい惑星に降り立ちました。残してきた故郷と似ているところも多いのですが、驚くことも、素晴らしいことも、戸惑うことも、悔しいことも、怖いこともあります。片道切符だったので、戻りたいと思っても戻ることはできません。新しい環境に加えて、この惑星には自分と不気味なほど似ているものの、深いところでは多くの点で異なる生物が住んでいることを知り、恐怖を感じます。彼らとコミュニケーションをとる方法がないため、彼らが友好的なのか致命的なのかもわかりません。

　しかし、この"見知らぬ新世界"で生きていくためには、新世界との関係を築かなければなりません。試行錯誤しながら、自分の好きなものを見つけていくしかありません。人間は、その素晴らしい脳のおかげで、最初はおぼつかないながらも探検し、適応していくことができます。小さな勝利は、次の大きな勝利につながります。そして、何かを発見するたびに、脳はドーパミンを放出して、「続けてみましょう」と言います。「あなたは正しい道を進んでいる」と

言ってくれます。

　途中では同じ惑星にたどり着いた他の漂流者と出会うこともあるでしょう。団結すれば、お互いに学び、アイデアを共有し、質問に答えることができるでしょう。一見敵対的な世界でも、我々「猿族」の超能力の一つである社会的学習を活用することで生き残り、さらには成功する可能性も高まります。

　人間の遺伝子コードは他人とのつながりを必要とするため、惑星上の先住生物に興味を持ち始めます。やがて、彼らと惑星を共有し、お互いの長所を活かし、短所を補う方法を学ぶことになるでしょう。多くのことを学ぶことによって、体も変わっていくかもしれません。生命を維持するために新しいスキルを身につけ、新しい重力や、大気に適応していきます。脳は、あなたを少しだけ惑星の原住民に近づけ、元に戻ってしまわないよう、少しだけ自分自身を再配線します。

　旅行者としてのあなたとあなたの仲間は、原住民があなたを殺したり、何かに感染させたり、仕事を奪うことを目的としていないことに気づくでしょう。彼らは彼らであり、あなたはあなたであるということです。

　それを認識できた日を境に、最初に感じた戸惑いや恐れが消え、理解と自信という新たな感覚を得ることができるでしょう。

　その時こそ、見知らぬ世界が家のように感じられるようになる時なのです。

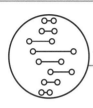

付録：ツール

　このセクションでは、この本を有効に利用してもらうためのツールと、AIについてより詳しく知りたい方や同じ関心を持つラーニング・プロフェッショナル仲間とつながるためのリソースやワークショップを厳選して紹介しています。ATDでの学習機会、支部イベント、特別利益団体（SIG）、ワークショップ、カンファレンス、出版物のほか、広く人材開発コミュニティから集められたリソースも見つけることができます。

　なお日本語版翻訳にあたり、いくつか割愛しているものもあります。ご了承ください。

どんな本でも、より効果的に読む方法

　私たちは、求めている情報や洞察を得るために、どうしても何かを読まなければならないときがあります。そのようなときには、自分の脳が邪魔をします。デジタル化された世界において、私たちの多くは読書すること自体が苦手になってきていますし、これらの習慣を変えることは難しい場合があります。

　このチェックリストは、あなた（またはあなたの大切な人）が、書籍を読み飛ばしたり、棚に保管したりせずに、本当に読まなければならない本からより多くのものを手に入れるために役立つはずです。

【本の読み方チェックリスト】

項目	やった事
その本を読んでいることを公言する 友人と共有するなど、他の人と社会的な約束をすることによって、本を読み終える可能性を高めることができます。	
目次の確認 このステップは、プライミングと呼ばれる学習概念をつくることに役立ちます。本の中で探求するトピックを脳に知らせます。目次を読むだけで、あなたのニューラルネットワークが刺激されて、それぞれのテーマについて、自分がすでに持っている経験や情報を探します。	
興味のあるところから読む 私たちのデジタル世界は、「注目喚起の科学（Science of attention）」によって成り立っています。私たちの脳は、自分にとって興味のあるものや、生存に深く関係する仕組みに訴えかけるものに、より多くの注意を払います。自分の直感を信じて、自分の心（と脳）が導くところから始めれば、自分の関心が最も高いところから始めることができます。	

項目	やった事
読み飛ばし（スキミング）しない！ 読み飛ばしを防ぐには、本を自分や人のために声に出して読むことです。この練習は、単語を発音するのに時間がかかるため、スピードが落ちるという「利点」があります。また、自分の声で強調したり、トーンを変えたりすることで、内容を自分のものにすることができます。	
手書きでメモを取る（どうしても必要ならば余白にも） メモを取ることは、声に出して読むことと同じような利点があります。メモを取る際には、読んだ内容を理解し、疑問を持ち、応用を考えます。沢山の文章にマーカーを引きたくなる衝動を抑えてください。マーカーを引くことやノートをタイプすることは結果として注意が散漫になってしまうと言われています。未だに多くの研究が、手書きでメモやノートを取ることが、得た情報を整理する上で最も効果的なアプローチであることを示しています。	
次の章に移る前に、メモを確認する 定期的にノートを見直し、修正することで、脳は、自分がすでに知っていることを意図したアクションに、それらを「学び」として取り入れることができるようになります。	
知らない用語は調べる AIに関連する用語の定義を調べるには、多くのオンラインソースがあります。残念ながら、これらのソースの多くは互いに矛盾していることもあります。まずは、Googleの "Machine Learning Glossary" をお勧めします。Developers.google.com/machine-learning/glossary.* *訳者注：上記は英語のみなので、日本語のサイトでも簡単に人工知能関連用語が解説されているものとして以下も参照できます。 https://www.atmarkit.co.jp/ait/subtop/features/di/mlglossary_index.html	

人材開発にAIを活用するためのアイデアスターター

　本書『AI革命が変える人材開発』は、私たちの専門分野における人工知能技術のメリット、使い方、リスクについて、私が知っていることを共有するために書かれたものです。AIを活用して人材開発にイノベーションをもたらすことのアドバンテージと、進化するAI革命に組織として備えるために、今すぐ実行できる具体的なアクションを説明しています。本書を読みながら、実行計画のヒントとなるアイデアを書き留めておくことによって、脳から記憶が消えてしまう前に、さかのぼってこれらのアイデアを構築することができます。

【私のアイデアメモ】

章・節	アイデア	重要な理由	何から始めるか？
この本の使い方のコツ			
第1章：さあ、スマートマシンが入れてくれたコーヒーの香りで目覚めよう—テクノロジーラーニングはすぐそこに			
第2章：ロボットを使って自分自身を再起動する			
第3章：機械（マシン）との対話			
第4章：LMS（学習管理システム）をよりスマートにする			
第5章：正しい選択をしよう			
第6章：ラーニングの未来：私たちはこれからどこに向かうのか			
結論			
章の内容に関係なく気づいたこと、書き留めたいこと			

「つくるか、買うか」の意思決定ツール

　私の経験では、中程度以上の複雑なソリューションを自社で構築することは、あまり良いアイデアではありません。予想以上に時間がかかり、当初の予算以上にコストがかかり、設計した目的を完全に果たせないことが多いのです。さらに、外部から購入できるようなソリューションを社内で構築すると、その構築に関わるチームのメンバーは、本来の「自分たちにしかできない仕事」から遠ざかってしまいます。

　しかし、自社で構築することに意味がある場合もあります。ここでは、「つくる（構築する）か、買うか」の判断をどのように評価するかについて説明します。

1. 以下の項目に対して、0（低い）から5（高い）までのスケールで評価してください。
2. セット1の合計を取り、セット2の合計を引きます。
3. その結果が0以下であれば、自社で構築するケースが考えられます。

セット1：以下の項目の重要度	回答
エラーや手直しのリスクを軽減すること	0　1　2　3　4　5
必ず決まった予算内に収めること	0　1　2　3　4　5
決められた期日までのソリューション提供	0　1　2　3　4　5
導入後のメンテナンスコストの削減	0　1　2　3　4　5
最先端の技術に触れること	0　1　2　3　4　5
将来的にシステム拡張ができること	0　1　2　3　4　5
合計	
質問セット2：以下の項目の重要度	**回答**
ソースコードの所有権や管理の維持	0　1　2　3　4　5
本来業務を持つメンバーが、この社内のプロジェットで多忙になること	0　1　2　3　4　5
既存の機器やシステムとの互換性	0　1　2　3　4　5
必要に応じていつでもシステムの変更や更新ができること	0　1　2　3　4　5
自社で構築した既存のシステムやコンポーネントの再利用の可能性	0　1　2　3　4　5
今でなければ使うことができない予算を使うこと	0　1　2　3　4　5
合計	

結果	
A. 項目セット1の総得点	
B. 項目セット2の合計スコア	
C. AマイナスB	

注：問題を追加しても構いませんが、採点を正確に行うためには、必ずペアで追加してください（各問題セットに1つずつ）。

サプライヤーの選び方

　AIアプリケーションを構築するために適切なサプライヤーを選択するためのチェックリストです。質問はニーズに合わせて変更することができますが、基本的には、多くの種類のAIアプリケーションの購入に適用できますので、サプライヤー候補を吟味する必要がある場合はご利用ください。

会社の背景とサポート
会社の歴史や概要
同業界にいてサポートしてきた顧客のリストと提供したサービス概要の提供
競合他社とのサービスや機能の違いなど差別化ポイント
提供するソリューションを自社管理するためにどのようなトレーニングが提供されるのか
想定される質問への応答時間、利用可能な時間、エスカレーションプロセスなど、カスタマーサポートモデルについての説明
ユーザーサポートの資料があれば提供
セキュリティ
ユーザーや会社の専有情報の保護方法
どのようなレベルの暗号化を行っているのか
どのような種類のセキュリティスキャンや監査を行っているか
セキュリティポリシー（パスワード、暗号化、監査、アラートなど）を含む書面の添付
自社システムの侵入テスト（ペンテスト）を行う手順
過去6ヶ月間のダウンタイムの履歴
災害復旧や事業継続の計画
データセンターの所在地
サーバーやネットワークにはどの程度の冗長性があるか
チャットボットの要件
ビジターの認識
ユーザー情報の収集（カスタムフィールドを含む）
ビジターのフットプリントの追跡
ビジターのコンタクト履歴
チャットトランスクリプトとオフラインメッセージ
ポストチャット満足度調査
ビジターシングルサインオン
チャットキューとステータス
ビジターのライブオペレーターへの誘導
ライブオペレーターへのルーティング（部門別、スキル別、ルールベース、業務負荷のバランス、持ち回りの仕方など）

無制限同時チャットが可能かどうか
無制限定型文や無制限URLの提供が可能かどうか
ビジュアル＆サウンドアラートの条件
スペルチェッカー（文章校正）は内蔵しているか
ショートカット機能
マルチレベル定型文の設定
定型ファイルと添付ファイルの機能
顔文字使用機能
タイピングのインジケーター表示方法
ドラッグ＆ドロップによるファイル転送機能
スクリーンショットと画像の送信の方法
チャットの自動終了（タイマー設置）
トランスクリプトのメール送信機能
内蔵翻訳ツールの有無
コールバックリクエスト
音声チャット機能
レポート（例：ビジター、キーワード、ビジターの位置、ビジターのソース、ビジターのフィードバック）の種類と提供機能
ウェブ解析（Googleアナリティクスのデータを使う？）
モバイルフレンドリーなチャットウィンドウの有無
インテグレーション／プラグインの具体要件
価格について
ソリューションの月額料金
導入コストや設定コスト
訪問者数やチャット数の上限やサービス料率の有無
サポートやトレーニングの料金
サービスの規模を拡大したい場合の価格設定
キャンセルポリシーは
保証条項の内容
限定的なパイロット実施の可能性
その他の質問（自身の質問を追加する）

サプライヤーの管理方法

　学習テクノロジーのソリューションを提供してくれる外部のサプライヤーを探すという決断をした後は、その関係をマネージし、強力なパートナーシップを築く準備が必要です。ここでは、その両方の立場を経験した者として、サプライヤーとの将来を成功させるためのヒントをいくつか紹介します。

ベスト・プラクティス

サプライヤーのビジネスを理解する。何が彼らの成功の原動力なのかを理解する。
サプライヤーを個人的に知ること。彼らの何が重要なのかを知るために時間をかけることで、いざというときに「お気に入りの顧客」になることができる。
可能な限り早く、書面で明確な期待値を伝えること。これにより、後になって誤解が生じることを防ぐ。
サプライヤーのパフォーマンスをどのように評価するかを書面で伝える。
定期的にパフォーマンスレビューを実施し、同じような役割やカテゴリーの他のサプライヤーと比較して、彼らの効果性を伝える。
サプライヤーと会うたびに、うまくいっていること、うまくいっていないことを尋ねる。そして、同様の質問を自分たちにも聞くことを期待する。
サプライヤーの仕事の進め方に影響を与える可能性のある自社会議には、サプライヤーを招待する。
サプライヤーに対しての素晴らしいレビューや推薦を得たときには、それを提供できるようにしておく。
請求書発行のプロセスを可能な限りスムーズにする。
サプライヤーを各分野の専門家として認識する。
サプライヤーへの支払いは、常に期限内に行うこと。

チャットボットプランナー

　Learning To Goでは、プランニングのプロセスを開始するために、3つの
シンプルな質問をしますが、下記の例から、自分たちが本当に解決しようとし
ている課題は明確かどうかをチェックしてみてください。

- どんな問題を解決しようとしているのか？
- その問題の原因は特定しているのか？
- その問題を解決するために、チャットボットはどのように役立つと思う
  のか？

　ここでは、顧客の反応の例をご紹介します。

例1：トレーニングの完了	
どんな問題を解決しようとしているのか？	多くの受講者がオンラインコースを完了していません。
この問題の原因はわかりますか？	いいえ
この問題を解決するために、チャットボットはどのように役立つのでしょうか？	コース修了時に、コースに対するフィードバックを集めることができると思います。
例2：ラーナーエンゲージメント	
どんな問題を解決しようとしているのか？	受講者からは「コースがつまらない」と言われます。
この問題の原因はわかりますか？	いいえ
この問題を解決するために、チャットボットはどのように役立つのでしょうか？	受講者にアクティビティやその他のコンテンツの評価をしてもらい、何が一番面白いかを知ることができると思います。
例3：顧客教育	
どんな問題を解決しようとしているのか？	サービス内容に関して苦情が寄せられています。営業スタッフもお客様も購入時に当社のサービス内容や条件を正確かつ完全に確認していないからだと思います。
この問題の原因はわかりますか？	はい。営業チームにアンケートを取ったところ、それらの情報を伝えるプロセスが彼らの営業業務を「スローダウン」させると思い、抵抗を感じています。
この問題を解決するために、チャットボットはどのように役立つのでしょうか？	規約の簡単な説明を行い、お客様が規約を理解し、承諾したことを確認することが期待できると考えています。これにより、営業チームの手を煩わせることなく、注文プロセスの一貫として行うことができると思います。

例4：セールススキルの向上	
どんな問題を解決しようとしているのか？	営業担当者が、顧客の反論への対応に慣れておらず、自信もありません。
この問題の原因はわかりますか？	はい。セールスチームを調査したところ、彼らは同僚やリーダーの前でロールプレイをすることに抵抗を感じており、現場に出るまで、顧客の反論に対処する訓練が十分ではありません。
この問題を解決するために、チャットボットはどのように役立つのでしょうか？	営業担当者は、製品やサービスに対してよくある反論に対して、適切に対応できなければなりません。チャットボットを使えばシナリオベースの会話を複数回配信することができます。営業スタッフの入力した内容に応じて、毎回異なる反応をするような設定をすることで、彼らは何度でも練習用のボットにアクセスし、自信をつけ、どのアプローチが最も効果的かを学ぶことができると思います。

LMSは本当に必要なのか？

　適切な学習管理システム（LMS）は、プロセスを合理化し、自動チームレポートを作成し、真にカスタマイズされた学習を提供します。しかし、本当にLMSが必要でしょうか？　LMSを購入する前に、次の質問を考えてみましょう。「はい」にチェックが入れる数が多ければ多いほど、最新のLMSの恩恵を受けることができます。

質問	はい	いいえ
100人以上の従業員や受講者がいますか？		
トレーニングの内容を整理したり、記録したりしていますか？		
ビジネス上またはコンプライアンス上の理由で、完了をトラッキングする必要がありますか？		
資格取得などの目的で客観的な試験を実施し、採点し、報告する必要がありますか？		
グループや個人ごとにカスタマイズされた学習プランをサポートする必要がありますか？		
トレーニングの提供方法は多岐にわたっていますか？		
登録、支払い、その他の管理業務のサポートが必要ですか？		
リモートワークをしていますか？		
経営陣は、何人が研修に参加したか、あるいは研修を修了したか、ということで研修の効果を測っているところがありますか？		
複数の人がコンテンツをデザインしたり、トレーニングを開発したりしていますか？		
トレーニングの中で、所有権のある情報や機密情報を配信していますか？		
トレーニングには、社内チャージが発生しますか？		
総回答数		

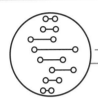

翻訳者より日本の読者に向けて

中原　孝子

　2021年1月にこの本がATDから発刊されたとき、「あ、いよいよ来たな……」というのが私の感想でした。早速買い求め読んだ時に、「初心者向けの内容ながら、AI技術を使う立場、使わなければならなくなるだろう立場を『人材開発』の役割の観点で、『今』知っておく必要があることが詰まっている」と思い、2019年の『データ・ドリブン人事戦略』に引き続き、JMAM出版部に相談させていただきました。

　2020年に起こったCOVID-19によるパンデミックは、人の働き方にも大きく影響を与え、それまでWebを使ったミーティングには否定的だった組織も、「おや？　別に対面じゃなくてもできることが沢山あるぞ？」と（やっと）気付いた年だったかもしれません。

　「リモートワーク（テレワーク）」が浸透し、いよいよ「人の働き方」がデータとなり、またそれを通じて「働き方」を把握しておかなければならなくなってきました。人事制度をいわゆる「Job型」へ移行する組織もあらわれはじめ、システムの面でも、戦略の面でも人事が大きな役割を果たさなければならない転換点に立っているといっても過言ではないかもしれません。と同時に、対面が当たり前だった時には見えていなかった課題（例えばマネジメント力やコミュニケーション能力や曖昧だった成果定義など）も見えてきて、2021年10月現在でもまだまだその終息が見えないパンデミック下における働き方は、リモートワークの一つの選択肢として定着する未来に備えた人事制度や組織の在

り方の早急な検討を迫っています。

　そして、パンデミックは、企業研修や「学習」の世界にも大きな影響を及ぼしました。本書の中にもあるように、対面授業を行うことができなくなった大学や学校では、急遽オンライン上での授業展開を余儀なくされました。企業では、予定していた新入社員研修を行うことができなくなり、集合研修のコピーをZoom上で延々数週間展開したところもありました。しかし、集合研修に替わる手段として導入された当初から一年、そのような対応から見えてきたことは、「本来『集合研修』で行うべきことは何だったのだろうか？」という問いだったり、「Webinarでも良いのでは？」という結論だったりしたのではないでしょうか。インストラクショナルデザイナーという立場からは、改めて「研修」の質や、適切なメディアの使い方が問われ始めたことは、より良い「学習」や人材開発施策の在り方を模索する上で、ポジティブな変化だったと考えています。

　また、この一年で、無駄な対面業務を減らすべく、チャットボットの導入も進み、総務部門などでの業務手続きに対する問合せやヘルプデスク業務などへの導入が始まっている企業も急速に増えました。

　このような大きな環境変化の中、本書にもあるように、「研修」や「学習」を提供したり、組織の人材開発を支援したりする立場にあるラーニング・プロフェッショナルにも、他の職業がそうであるように、急速にAIとの共存やそれを賢く使うための知識やスキルが求められるようになってきました。

　著者マージー・ミーチャムは、ニューロサイエンスに基づく学習設計や理論のエキスパートですが、本書では、ニューロサイエンスの観点から、チャットボットやAIを活用した学習の有効性や、それらの最新テクノロジーを取り入れる上で考慮すべきことが示されていました。そして、ニューロサイエンスの観点から、事象をイメージしやすいように「ストーリー」として語るところから、ラーニング・プロフェッショナルとして今押さえておかなければならないAIに関する情報を簡潔にまとめていました。

　「ストーリー」は、やはり米国を中心とした例になっているので、読者の皆さんの中には、あまりしっくりこない、と感じた方もいたかもしれません。また、すでに社内のデータ・サイエンティストと一緒に様々なデータを基に人事周りのデータ・ドリブン化を進めている方にとっては、とても初歩的な内容と

思われるところもあったかもしれませんし、パンデミック下、急速にデジタル化が進んだ中で、すでに日々のニュースの中で当たり前に触れるようになったこともあったかもしれません。しかし、著者が言うように、生活やIoTにまつわる企業の様々なサービスや業務プロセスにどんどんAIの活用が進む中、人材開発周りにおけるAIの主体的な「活用」はまだまだ進んでいません。

　AIやビッグデータに絡む人事周りのシステムについてのBUZZワードは、そのシステムを振興する立場からの情報は多いのですが、「タレントマネジメント」も「ピープル・アナリティクス」や「データ・ドリブン人事」も、その大前提となる使う側の「人事」の基本的な「組織戦略」が描かれないまま、システムが独り歩きしていたり、「流行」に乗り遅れないためにシステム導入やアプリケーション導入が目的になってしまっていたり、という現状もあるようです。結果、システムやアプリケーション上に既製機能として搭載されているアルゴリズムによる定型レポートを報告することが「データ・ドリブン人事」になっていたり、データの蓄積やラーニングの配信が自動的に行われるようになったことがLMS導入のメリットになってしまったり、ということもあるかもしれません。

　人材開発や研修に関わる企業の人事部門や研修を提供するプロフェッショナルとして、主体的に戦略としてAIを活用していくためには、そもそもAIとは何なのか、どの程度それを知っておかなければ「活用する」にあたっての課題も明確にならないのかを整理するための入門書として、新しい一歩を踏み出すための一助となる本であると思います。

　この「翻訳者より日本の読者に向けて」では、日本におけるAIの学習への活用事例や、これから本格化するであろう「パーソナライズド・ラーニング（AIやテクノロジーシステムの活用が必要です）」環境の構築に向けて、人事や人材開発部門として再確認や強化すべきスキルや知識、マインドセットについて整理してみたいと思います。

人事のリテラシーとして必要とされる「AI」やデータ・サイエンス
　本書の第2章では、私たちの身の回りにすでに存在するAIや、AIとの「関係性」をどう築いていくかについて触れていますが、まず第一に押さえておきた

いことは、AIについての知識の習得は、社内のデータ・サイエンティストや「AI人材」と呼ばれている人たちにお任せしておけばよいのではなく、自分たちのビジネスに変革をもたらすツールとして活用するためにも、「リテラシー」としてその概要や仕組みを知っておく必要があるということです。

「AI」が、どんなレベルでどんなところに使われているのかということを「適切な質問」をすることによって特定できなければ、適切なシステムを選ぶことも難しくなります。

「当社のラーニングプラットフォームには、『AI』が搭載されています」と言われた時に、どのような目的のために、どのようなデータを集めて、どのようなインサイトを提供してくれるのかについて尋ね、自分たちが目指している人材開発上、ビジネス上の課題をどのように解決する可能性があるのかを検証できなければなりません。「AI＝マジックワード」のように、「なんだか良くわからないけれど、AIが搭載されているんだから〇〇もできるだろう」というような判断になってしまわないためにも、最低限必要な知識の入り口が本書に解説されていることだと考えていただければ良いかと思います。

「AI人材の育成」を始めている企業は多くなっていると思いますが（日本ではよく「DX人材」という言葉も使われています）、社内のある特定の人材だけに必要なことではないという観点から「リテラシーとしてのAI教育」を進めている組織もあります。AIをはじめとする先端技術の概要や、それをビジネスに展開するための考え方などの基礎知識を得るためのコースを「DXリテラシー講座」として展開した京王電鉄の例がニュースとして紹介されていました。(https://www.jiji.com/jc/article?k=000000040.000027996&g=prt)

データ・サイエンティストや「AI人材」の育成ではなく、現場の人が学ぶコースです。これは人事の方が管理職などのために企画した研修のようですが、「人事」も業務現場に教育を提供するだけではなく、「人事というビジネス」視点に何をどう活かすか、といったことを一緒に学ぶコースかもしれません。

人事システム上のAI展開だけに注目するのではなく、将来に向けたデータ・ドリブン人事を実践していくためには、継続的にビジネスにおけるAIの現在地を知る必要もあります。日々急速に進化しているこの世界の情報をキャッチアップしておくことも、経営に資する人事や人材開発部門となるためにも、必要な条件になっているのではないでしょうか。以下にそういったニュースを提

供しているサイトをご紹介します。

- ビジネス上のAI展開についての情報を提供しているサイト
  https://ainow.ai/
- Ledge.ai :人工 AI（知能）関連メディア
  https://ai-products.net/

身近なAI

　本書の中でもAIの種類についての解説がありました。「特化型人工知能」と「汎用人工知能」。人間のように自己制御し、想定外の状況が起こってもそれを学習して適応していくことができるような汎用人工知能はまだできていないことは触れられていましたが、今現在開発されて、応用されている「特化型AI」に関して、「人工知能（AI）とは？　基礎知識からビジネス利用方法まで詳しく紹介-発注成功のための知識が身に付く【発注ラウンジ】」というサイト（https://hnavi.co.jp/knowledge/blog/ai/）　で以下のように身近な例を紹介していました*。

　*基本的には、AI技術を提供している業者のサービスを紹介するためのサイトですが、ここに紹介されている前提となる知識は、中立的な立場からも十分に役立つ情報だと思いますので、ご参考ください。

　レベル1：単純な制御プログラムの人工知能で、設定されたことだけを行うことができるもの。例としては、自動調節機能が付いた冷蔵庫やエアコンなどのように身近な家電製品に広く使われているもの。

　レベル2：一つの動作だけではなく、多様な動きや判断が可能なもので、判断の基準となる大量のデータベースを備えている。例として、囲碁やチェスのプログラム、お掃除ロボットやチャットボットなど、ルールを教えることによって特化されたことに対応できるもの。

　レベル3：人間が準備したサンプルからパターンを学び、その後はマシンが自分でパターンやルールを学んでいくもの。身近な例としては、検索エンジンなど。また、人事の分野で言えば、組織で好業績を収める人のデータから採用したい人材のパターンを学び、採用人材を絞り込んで推奨するなど（その失敗例が本書の中にもありましたが）があります。

レベル4：ディープラーニングと呼ばれる本書の第4章図4−1中央の部分に
あたる機械学習です。このレベルのAIは、学習に必要なサンプルを自動で収集
し、自らそのパターンを特定していくものです。上記に紹介した自動運転搭載
の自動車がその例として挙げられていますが、画像認識技術（SNS上での人の
特定、癌細胞の識別）や、音声認識（スマートスピーカーなど）、自然言語処
理（自動翻訳）、ロボットによる異常の探知（空港、鉄道、製造現場）などが
このレベルのAI技術の活用分野です。

　本書の中では、SiriやAlexaを使ってみようとマージーが書いていますが、
すでに多くの方が使っているのではないでしょうか。「コマンド」として一字
一句同じように言わなければ、思った「タスク」をしてくれない機械に対して
「やっぱりAlexaはまだまだおバカだ……」などと、ぼやきながら使ったりし
ていないでしょうか。
　身近にあるスマートスピーカーなどの他に、マシン「機械」に「学ばせる」機
械学習のプロセスを実際に体験してみるためには、https://teachablemachine.
withgoogle.com/　を試してみてください。特定の結果を得るためには、ある
特定のデータセットを準備する必要があることを体験できます。
　人材開発や人事の中で機械に学ばせることが必要な場面が出てきた場合、ど
のようなデータセットが必要になるのだろうかと考えるプロセスが重要である
ことを確認していただけるのではないでしょうか。
　AIと言っても様々なレベルのものがあります。人事や人材開発の人がデー
タ・サイエンティストになる必要はありませんが、人事システムやラーニング
アプリケーションなどにその技術が使われているとシステム営業から説明され
たときに、どのレベルのAIがどのようなデータセットに基づいてつくられたの
かなどを特定するための質問ができることは、「有効」な投資としてラーニン
グプラットフォームを選ぶためにも大切なことです。

人材開発やトレーニングに関連するAIの活用例
画像解析技術の利用

　例えば、2021年8月15日のニュースに、「10年以内に消失する可能性のある狂言の動きをAIで可視化」（https://ledge.ai/laboro-ai-yamaguchi-sagiryu/）というのがあります。山口県の指定無形文化財「鷺流狂言」の動きを可視化することによって、今後その伝統芸能を受け継ぐことができるトレーニングアプリケーションを開発する予定ということです。動画から体の動きや業務プロセスの要所となる点を特定して、その動きの再現やプロセスをOJTなどに取り入れる、それをマニュアルや学習コンテンツに展開することによってパフォーマンス支援をすることは、製造業や建築の現場などにも取り入れられているAIの活用方法です。組織の中の「匠の技」を解析し、後継者への学びに展開するような場面に役立つ例です。

　また、画像解析による熟練工の行動分析によるマニュアルを作成や業務プロセス分析による業務効率化等で注目されている日本の会社の一つがABEJAです（https://abejainc.com/solution/ja/）。ここにも、ラーニングの在り方に関連してくる事例が沢山あります。

業務支援への活用に広がるAR/MR

　私たちの身近にあるAR（Augmented Reality）の代表的な例としては、ZOOMなどのビデオカンファレンスの時に使う「バーチャル背景」や、時には、化粧をしていないのに「化粧」をしているように見せる仕掛け、あるいは、ひところ流行ったポケモンをあちこちで捕まえるゲームなどがありました。博物館や歴史建造物、または、観光スポットなどで、拡張現実の技術を使って、過去のその場所を再現したり、場所への説明が出てきたりといったものも、その活用の一つです。研修への活用としては、2017年に発表された東京メトロがトンネルなどの土木建造物の維持管理技術の研修のために使い始めた例があります。

https://www.tokyometro.jp/news/2017/189011.html

　研修などへの応用という以外に、土木建設業界では、地下埋葬物の可視化や、施設中の建物の設備配管や建物躯体の施工管理をサポートすることに活用するなど、現実業務での活用に広がりを見せています。

https://www.shimz.co.jp/company/about/news-release/2016/
2015058.html
https://www.shimz.co.jp/company/about/news-release/2021/
2020060.html

　また、業務支援という点で有名なMR（Mixed Reality）の例としては、トヨタ自動車の自動車修理・点検業務へのMicrosoftのHoloLensの導入があります。口頭では伝えにくい詳細の配線図と実際の自動車を重ね合わせることで、修理や点検すべき箇所の詳細をバーチャル画像で示しながら、作業を進めることができるのです。OJT指導による上位スキルを持つ人の業務時間の有効活用という側面だけではなく、作業の質の向上やバラつきをなくすという側面からも効果的なテクノロジー活用と言えます。
https://news.microsoft.com/ja-jp/2020/10/06/201006-toyota-motor-started-introducing-hololens-2-in-gr-garage-nationwide/

VR（バーチャル・リアリティー）の活用
　危険が伴う場面を想定したシミュレーションやストーリー性に沿った場面での対応の仕方などを学ぶためのVRなどの活用は、ANAにおける客室乗務員の訓練や、ALSOCにおける訓練などにも取り入れられているのは、すでに皆さんもご存知の例かもしれません。
　AI技術の人材育成やスキル習得への活用としてのVRは、対投資効果という面では、その活用のボリュームや設定状況の変化スピード、変化した場合のモディフィケーションの容易性なども検討が必要なところになってくると思われます。しかし、一方で、このような設定で行われる訓練などは、単なる技術にとどまらず、接客などの例に導入が始まっていることを考えると、今後も「研修」場面へのVRの導入は進んでいくことが予測されます。

アダプティブラーニング
　AI技術を活かしたラーニングの在り方として最も注目されているものの一つがアダプティブラーニングです。
　日本におけるアダプティブラーニングの有名な例としては、Qubena（キュビナ）があります。すでに多くの公立学校や小中学校にも導入されており、問

題を解きながらその結果によって、学ぶ内容や次に取り組む課題の難易度を生徒一人ひとりに合わせて学習をすすめることができる仕組みです。

https://qubena.com/

ここでの先生の役割は、「教えること」ではなく、進捗の度合いなどのデータを元に観察しながら、生徒が学習を進めて行く上で困っていることにアドバイスをしたり、コーチングしたりすること、いわば、マネジメントの役割なのです。

企業で必要とされる知識ベースのコンテンツであれば、教室や「学ぶ時間」を特別に取らずに必要な時にアクセスし、少ない時間でも知識定着や記憶を呼び起こす強化学習のために使われている仕組みとして本書の中でも紹介されていた、Axonify（米）があります。

自分に学習が必要だと思われるコンテンツをクリックすると、まずはその知識に関連するクイズが提示されます。クイズに回答する際に、自分の回答に対する「自信度」を「よく知っている」、「たぶんそうだと思う」、「あまり自信がない」、「全くわからない」の選択とともに答えることによって、知識の本当の定着度とともに、曖昧に覚えていること、もしくは、覚えているつもりになっていることを把握し、次に学習すべきコンテンツや復習すべきコンテンツを示唆したり、知識を深堀するためのドキュメントやブログなどを推奨したりしてきます。正解であれば、やや難しいクイズが出題され、回答を間違えると同程度の難易度クイズが出てきて、正解が確実なものになると次の段階に進むことができる仕組みになっていて、無駄を感じさせない学習プロセスを提供しています。

日本での導入事例では、グローバル製薬企業におけるMR教育の一環として使われ、学習の進捗などによってバッジが出るなどのゲーミフィケーション要素も絡ませたり、部門ごとや個人のランキングが出るなどを仕掛けたりすることで、高受講率と高リピート率によって学習パフォーマンスが格段に上がったという結果が出ているということです。もちろんマイクロラーニングコンテンツなので、多くの人がほとんど毎日アクセスして短時間学習をしているということですが、日本のユーザーに特徴的なところ*が、追加学習のレコメンデーション（自分の苦手なトピックスが順に表示される機能）に示されたところを自ら＋アルファの学習をするところという結果が出ているというのです。無駄のない学習ができていることと自分の学習パフォーマンスに対してタイム

リーなフィードバックが得られること、学習の広がり、そして職場における仲間の学びの状態がランキングなどに現れることは、膨大な「知識」習得が必要な製薬企業の営業などにとっては、退屈な講義とテストの連続のプロダクト研修をより主体的な学びに変え、かつ学習パフォーマンスの効果を高める方法と言えるでしょう（*日本に関する情報はhttp://axonify-jp.com/　へのインタビューで確認）。

　ATDのラーニングコースにもこのアダプティブラーニングの仕組みが取り入れられています。ケイパビリティ・モデルを基にしたアセスメントによって各人に必要な学習コースを明確にすることができるパーソナライズの入り口から入って、アダプティブラーニングに付随するマイクロラーニングコース、そして、コースコンテンツにとどまらない本やブログ、リサーチペーパーなども含む学習のレコメンデーションがなされるラーニング・エコシステムの事例です。

　https://www.td.org/

「集合研修」や「対面」中心の研修やコーチングの在り方を変える

　AR、MR、VRの実業務への導入も進んできていることを踏まえると、20世紀然とした「集合研修」や「座学」を前提とした導入教育の在り方そのものを大きく変えていく必要があることを示唆しています。業務現場でのAR、MR、VRの使用が当たり前のこととなっている場合、現場で仕事をするための「知識」を教えることを主とするのではなく、働く現場における「学び方（OJT支援や業務に関わるコミュニケーション）」や「業務支援ツール」の活用の仕方などを学ぶ場としての導入教育が必要になってくるかもしれません。

　例えば、現在の学校教育でもタブレットを使ったAR利用の学習や、アダプティブラーニング形式で個人のレベルにあった課題に沿って学習を進める方法を導入している公立の小中学校もあります。将来、このような学習体験によって学習してきた人々がプログラミングなどの教育も受けて組織に入ってくることを考えると、企業の「学び」の提供の仕方そのものも大きく変えていく必要があるでしょう。

　また、オンラインでのバーチャル研修がそうであるように、ファシリテーターの役割が大きく変化するであろうこと、テクノロジーを使いこなすことが条件になる時代が始まっています。

人事や人材開発は、組織ビジネスに貢献するパートナーとならなければならないとは、もう何年も言われてきました。人材開発の役割が将来に備える人材や今進んでいる業務を支援することで、その目的のために研修などが提供されているのであるとすれば、業務現場で進んでいるテクノロジー導入の側面も含めたビジネスの現状や未来を予測してアップスキル、リスキル要素を特定し、その効率的、かつ有効な学び方を提供していくことは、人材開発が担うべき大きな役割なはずです。

人材開発や教育におけるチャットボットの可能性

　神経科学を基盤として効果的な学習構築の方法を訴求している著者のマージーは、自分のコマンドや自分の要望を自らの言葉で伝えたことに対して反応が返ってくるというインタラクションは、「人」とのつながりから学ぶ「人間」にとって、効果的な学びのプロセスだと言っています。そして、スマートスピーカーと同じようなインタラクションを「ラーニング」の世界に取り入れてみようというのがチャットボットです。

　本稿の冒頭でも述べましたが、ここ一年でチャットボットの導入が大きく進み、日本でもそのサービスを提供している会社も沢山あります。
　チャットボットの仕組みについては、チャットボット作成サービスを提供している多くの会社で説明されていますが、その中から、チャットボットの種類とそれによってAI機能が使われているのか、そのメリット・デメリットは何になるのかがまとめられているサイトがありますので、パフォーマンス・コーチングやパーソナライズド・ラーニングの入り口や、ラーニングナビゲーションなどにチャットボットを導入したいと考える際には、参考になると思います。
　https://chatbot.userlocal.jp/document/blog/ai/

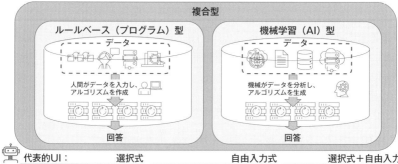

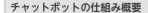

チャットボットの仕組み概要

複合型

ルールベース（プログラム）型

データ

人間がデータを入力し、
アルゴリズムを作成

回答

機械学習（AI）型

データ

機械がデータを分析し、
アルゴリズムを生成

回答

代表的UI： 　　　選択式　　　　　　　　　自由入力式　　　　　選択式＋自由入力式

選択式	自由入力式	選択式＋自由入力式
選択肢を次々にクリックして回答を選ぶタイプ。あらかじめ準備されたシナリオに沿って回答される。検索スキルが低いユーザーでも回答を得られるのがメリット。 解決しなかった人の課題を知る事ができないので、精度の改善が困難。自動改善はされない。	ユーザーが自由に質問を入力。入力された単語からAIが質問を分析、回答を類推して答える。選択肢がないと、検索スキルが低いユーザーにとっては、何を入力すれば良いのかわからないというデメリットが生じる可能性も。入力履歴が残るので、改善点がわかる。	検索スキルが低いユーザーでもクリックで回答にたどりつける。自由記述からすぐに回答を得ることも可能。入力履歴が残るので、改善点がわかる。基準を基にAIが自動調整して回答の精度を高めることが可能。

「チャットボットの仕組み」(nttbiz.com)を参照のうえ、（株）インストラクショナルデザイン にて作成

想定される質問で構成されるルールベース（シナリオ）型：選択式

　利用者からの質問がある程度限定的で、ナビゲーションも限定する場合（例えば、スキルアセスメントをした後に、アセスメント結果として指摘されたスキルを学習するためのコース選択をしたい、もしくは、どのようなコースパスが可能かを提示するなど、学習パターンが決まっている場合など）は、ルールベース型でも良いかもしれません。しかし、その場合、想定される質問の文言を設定しておく必要があります。また、質問内容にバリエーションが増え、対応が必要になってきた場合、そのメンテナンスを人が行っていく必要があります。なので、チャットボットを活用する場面に関して、それほど頻繁な想定質問のアップデートなどが必要ないということが条件になってくるでしょう。

AI（機械学習やディープラーニング）が必要となる対話型チャットボット

　定型ではなく、より会話に近いかたちでのコーチングをチャットボットによって導入しようとする場合は、やはり機械学習やユーザーからの情報蓄積をもとに、回答として重要度の高いキーワードを自動生成して提示するなどの

ディープラーニング技術を使った自然言語処理機能を持たせることも必要になってくるでしょう。会話のパターンや、使われる言語の傾向などを最初から学ばせようとするディープラーニングを使ったものになるとかなり大量のデータが必要であったり、さらにコストがかかったりするので、チャットボットを使うメリットを十分に検討することが必要な場合もあります。最近では機械学習と組み合わせ、自然言語処理を行って、言葉を自動学習して回答のカテゴリーボタンを自動生成するチャットボットを安価に活用できるサービスも提供され始めています。

　また、チャットボット作成ツールのようなものも出てきましたので、ルールベース型であれば、自社で作成することなども可能かもしれません。自作をしたほうが良いか、提供事業者のツールを使った方が良いかなどの検討するためのブログがありましたので、そのサイトも参考にされてみてはいかがでしょうか。

　https://chatplus.jp/blog/chatbot/howto-make/ （2021年7月19日付）

日本におけるコーチングチャットボットの例

　人材開発におけるチャットボットの活用については、本書の中でも詳しく述べられていましたが、チャットボットの「学習」への導入例として注目されているのは、自分に必要な学習コースやコンテンツへの「案内」の役割などによる「パーソナライズド・ラーニング」の入り口に役立てようというものと、もう一つの機能が「コーチング」です。

　セルフコーチングなど、運動の習慣化や目標設定を助けてリマインドをしたり、健康管理データの結果から次のアクションをアドバイスしたりというアプリケーションは、すでに沢山出回っています。

　ko-do.design

　元々データ活用が進んでいるスポーツの世界においてもコーチングにチャットボットを活用する例が雑誌『Tarzan』の「世界スポーツ見聞録　vol.26（2021年1月19日付）」のコラムにも紹介されていました。

　そのような原理を応用したかたちで、本書の中でも紹介されていた「新任マネジャーお助けボット」のようなものや新入社員のオンボーディング、あるいはOJTとの橋渡しなどにはその活用が大いに期待されるところです。

　約束した日まで「人間のコーチ」を待つのではなく、必要な時に「リフレク

ション」を促し、自身の考えをまとめて次のアクションにつなげる「コーチングボット」の導入は、すでに始まっています。

対話型コーチングボットの機能と同じようなユニークなボットが、京都大学で開発された「ブッダボット」(https://www.kyoto-u.ac.jp/ja/research-news/2021-03-26-3) と青山商事が提供している「スナックよしこ」(https://www.y-aoyama.jp/campaign/chat_bot/) です。

「ブッダボット」は、仏教経典の現代語訳とQ&AのリストをデータとしてAIに機械学習をさせて、質問を投げかけると仏教の観点から悩みに答えてくれるというチャットボットです。

「スナックよしこ」は、身近にいる人であるがゆえに相談がなかなかできない悩みを相談できるチャットボットとして開発されたということですが、人間にだからこそ言いにくいことを相談できるというチャットボットの利点を活かしたものです。データとしては、約50時間のインタビューを「ママ」たちに行い、悩みを聞いた時のアドバイスや、聞き上手に徹するポイントなどをデータとしてAIで解析してつくったチャットボットということです。学習という点で使われているチャットボットではありませんが、マネジメントの悩みなどに応答しながらコーチングするようなチャットボットをつくりたいという場合の参考になる例だと思います。

例えば、改めてインタビューをしなくても、すでに人事に寄せられているマネジャーの悩みや、過去の1on1データから何にマネジメント課題があるのかを解析して、コーチングボットを策定するということは十分に可能ではないでしょうか。そのようなチャットボットの導入によって、さらに課題であったり、現状を把握して改善につなげたり、学習ニーズや組織開発ニーズを把握するためにデータを蓄積することにもつながります。

実際にラーニングやコーチングにチャットボットを活用したい場合には、テクノロジーベンダーだけではなく、ラーニングの構造化やタスク分解などの展開に詳しいラーニング・コンサルタントに入ってもらうことも必要かもしれません（残念ながら "Learning To Go" はアメリカなので……）。

ちなみにコーチングへのAIの活用としては、「HR君1on1」(https://ai-products.net/29303/) というものが紹介されていました。表情や発言の割合などから適切な1on1コミュニケーションに対するコーチングを提供する

というものです。表情やレスポンスを診断するAIが営業ロールプレイに対してフィードバックするという同様の機能は、UMUという中国で開発されたラーニングプラットフォームにも取り入れられており、日本企業でも使われ始めています（https://www.umu.co/home）。

　「コーチング」という観点においては、どちらもかなり限定的な部分に対する「コーチング」であるという点で、導入する側は、場合によっては、他のデータとの組み合わせ（実パフォーマンスや、実際の会話データの解析、パルスサーベイデータなど）も考える必要があるかもしれないことや、一判断材料として捉えることも重要です。

学習プラットフォームやLMSでのAI

　さて、本書の中では、スマートLMSの必要性の検討について書かれていましたが、日本の場合、e-ラーニングのマネジメントシステムの目的以外でのLMSの導入は始まったばかりという状況かもしれません。しかし、COVID-19パンデミックの影響で集合研修からオンラインのバーチャルクラスに替わり、また、動画配信によるセミナーが増えるなど、オンライン上で展開しなければならない学習機会が増えた今、組織の「学習履歴」を取る上でも、また、研修全般の管理をしていく上でもLMSが必要になってきた組織が多くなっています。

　そもそもLMSを導入する目的は何でしょうか？　e-ラーニングの配信とその記録のためでしょうか？　それとも、組織全体のケイパビリティーを把握するためでしょうか？　はたまた、パーソナライズド・ラーニング環境を整えるためでしょうか？

LMS、LCMS、LXPの違い

　実は、学習管理システムと言っても様々なものがあります。著者のマージーが「スマートLMS」と言っている学習管理システムは、LXP（Learning Experience Platform）と言われているものが近いでしょう。もちろん、既存のLMSに機能を追加したり、xAPIで繋いで新しい機能を付けたりすることも可能だと思いますが、まずは、簡単にLMS、LCMS（Learning Content Management System）、LXPの特徴を整理してみましょう。

	LMS	LCMS	LXP
主目的	学習コンテンツやコースの提供、学習成果の追跡、従業員の能力の分析	学習コンテンツの作成からコンテンツ配信までの管理	高度なアルゴリズムを搭載してパーソナライズされたコンテンツ配信。学習者が自分で学習アセットを保管する場所（リポジトリ）を作成することが可能
代表的な機能	・コース管理 ・スケジューリング ・組織管理 ・レポート作成や分析ツール ・タレントマネジメントシステムなどとの統合 ・アセスメントツール	・オーサリングツール ・コンテンツリポジトリ ・コンテンツ管理 ・コンテンツ配信 ・分析ツール	・コンテンツ推奨エンジン ・ユーザー生成コンテンツのサポート ・ソーシャルラーニングツール ・パーソナル化 ・他システムとの統合
期待される成果	組織的な学習フロー環境、その自動化	迅速かつ本格的なコンテンツの作成	学習者エンゲージメントの向上

　今では、様々なラーニングプラットフォームが出ています。LCMSにソーシャルラーニングが組み込まれたものなどもありますし、簡単なオーサリング機能が組み込まれているLMSもありますので、単純に上記のように分けることは難しいのですが、主な目的と本来機能の違いを押さえた上での選択が重要です。しかし、もし、すでにLMSを使っていて、次世代のものを検討しているということであれば、今後のラーニング環境整備という意味でもLXPをお勧めします。

　とくに、学習が業務環境のフローの中の一環として提供されるラーニング・エコシステムと組織的なラーニング文化を構築したい場合には、拡張性や統合が容易であるかどうかは、とても重要な選択ポイントになります。

　ナレッジの積極的な共有や正式なコースコンテンツとして作成されたコンテンツ配信だけではない学習環境の提供には、組織のナレッジマネジメントツールとの連携やパフォーマンスマネジメントシステム、タレントマネジメントシステムとの連携も視野に入れる必要もあるかもしれません。

　また、選択の際には、GDBRおよびISO27001などに準拠していることが求められます。特に個人データの保護に関しては、サーバーがどの国に置かれているのかも、重要なポイントになってくる可能性があります。

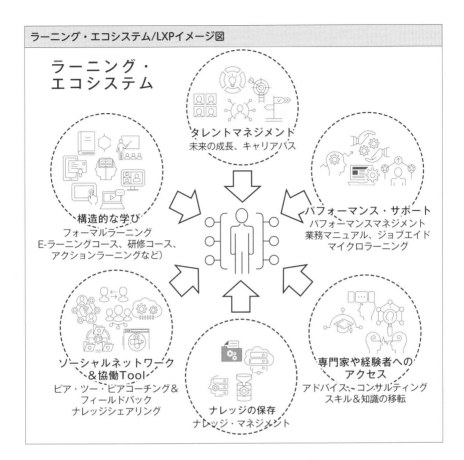

ラーニング・エコシステム/LXPイメージ図

ラーニング・
エコシステム

タレントマネジメント
未来の成長、キャリアパス

構造的な学び
フォーマルラーニング
E-ラーニングコース、研修コース、
アクションラーニングなど)

パフォーマンス・サポート
パフォーマンスマネジメント
業務マニュアル、ジョブエイド
マイクロラーニング

ソーシャルネットワーク
＆協働Tool
ピア・ツー・ピアコーチング＆
フィールドバック
ナレッジシェアリング

ナレッジの保存
ナレッジ・マネジメント

専門家や経験者への
アクセス
アドバイス、コンサルティング
スキル＆知識の移転

学習プラットフォームやラーニングコース提供プラットフォームによる レコメンデーション機能

　Amazonのお買い物やニュースサイト視聴履歴、同じようなコンテンツに興味のある人たちが何を見ているかなどの情報から「あなたへのお勧め（これを見ている人はこんなものも見ています）」と同じような機能を使って学習を推奨してくる機能を持ったラーニング配信システムは増えています。

　ラーニングコース提供プラットフォームの代表的なものの一つがLinkedIn Learningです。LinkedIn Learningは、単純に人気コースや履歴からの推奨だけではなく、同じようなキャリア属性や専門性を持つ人たちの学習履歴や職務経験履歴などを分析して、コースを推奨してきます。その機能は、LinkedInが持っている7億人の会員のキャリアやその専門性データの分析結果からのレ

コメンデーションという点で、その膨大なデータをもとに未来・将来のキャリアを見据えた予測を伴うレコメンデーションできることが大きな強みだと言われています。

有効な自律学習とパーソナライズド・ラーニングを提供するための条件
自律的な学習を支える仕組み

　LMSやラーニングコースライブラリーを導入することによって、自律的な学習を促したいとか、Job型の雇用形態に移行したので、自分でキャリアを考えて自律的な学習ができるようにしたいなども最近よく聞きます。確かに20世紀型製造業の人材育成モデルに基づいた「入社年次」で区切った「護送船団方式」で研修を割り当てる方法では、受動的な学習姿勢をつくってしまいますし、そもそも、入社年次が同じだからといってすべての人が同じ知識やスキルのギャップを持っているとは言えないでしょう。しかし、自由に選択できるコースライブラリーを導入したからといって、それが自律的な学習を促すかと言えば、それだけでは各人のキャリアパスの充足や現在の業務パフォーマンスの向上は期待できません。

　先に述べたLXPが出てきた背景を考えてみると、現代における学習の在り方と関係しています。すでにミレニアル世代やZ世代の学習者は、YouTubeなどのソーシャルメディアを利用して自分たちのスキルを共有するなどを行っている世代です。ラーニング・エコシステムといった側面からだけではなく、若い世代の学習行動を活かし、利用者がコンテンツを生成して配信・共有できる仕組みも自律的な学習を促進する上での条件と言われています。つまり、LMSやLXPの仕組みと自律的学習には、重要な関係性があります。配信だけを目的とし、各個人の学習履歴や学習結果の記録しかとることができない（もしくは、それしかしていない）システムでは、どうしても受動的になりがちです。なので、自分自身で学習の適切性を確認できたり、自分のニーズにあった学習パスを随時更新できたり、学習パフォーマンスや今の課題を見極めることができるアセスメントとの組み合わせ、学習や業務パフォーマンスに対するフィードバックがあることなども重要です。

　それとともに自律学習を促すための重要な要素が「ソーシャルラーニング」です。グーテンベルク・テクノロジー（https://blog.gutenberg-technology.

com/en/social-learning-in-elearning）は、ソーシャルラーニングを「他の人から学び、他の人と一緒に学ぶ」と表現していますが、動画を中心としたソーシャルラーニングサービスで急速に注目されているPanopto（https://www.panopto.com/jp/）では、企業における学習の文脈でそれを以下のように定義しています。

「ソーシャルラーニングは、特にブログ、Wiki、ディスカッションフォーラム、主題ディレクトリ、ビデオなどのソーシャルテクノロジーを通じて、同僚から学ぶ非公式な方法」

　そして、ソーシャルラーニングの利点は、自発的な学習を可能にするということだけだはなく、組織全体のコラボレーションや、学習者間の会話やコラボレーションを促進するということが言われており、パンデミック禍、およびリモートワークが一つの選択肢として存続していくだろうと思われる今は、特に重視されています。
　ラーニング・エコシステムのところでも述べましたが、その主な機能には、次のようなものがあります。
- フォーラム
- スケジューリング（予定表）
- チャット
- ディスカッションエリア
- 同僚間での学習とフィードバック（Peer to Peer Learning and Feedback）
- メディアギャラリーとファイル共有
- スポンサーリンク
- オンラインコミュニティ

　これらの機能は、そこから起こっている非公式的な学習状況やナレッジシェア状態を把握できるのであれば、必ずしもLMSに組み込まれていなくても、組織として使っているワークコラボレーションツールを使うことでも可能です。

　自律学習を促すもう一つの要素は、利用者がアクセスしたいときに好きなデバイスからいつでも、どこでもアクセス可能であること。これには、検索しや

すいことや個人的な学習ライブラリーの他に、個人の役割だけではなく、特定のポジションで発生する可能性のある問題やニーズをカバーする適切なコースやコンテンツを適切な対象者に提供できるように学習プラットフォームが設定されていること、そのような情報をアップデートしながら、推奨できる仕組みがあることが重要です。自分の興味や、マーケット情報を基にした「お勧め」だけでは、本当にその個人の組織における業務やニーズに合致しているとは限らないからです。また、LMSやLXPによっては、自分の興味関心や役立ったものを「プレイリスト」のような形で共有することによって、組織における役割や職務、専門性などとの関連での推奨を参考にできる仕組みを提供しているものもあります。ソーシャルラーニングとパーソナライズを兼ね備えた組織としての自律学習を推進する仕組みとして望ましい機能と言われています。

　もう一つ重要な要素は、使いやすいインターフェース。いくらテクノロジーに慣れている世代であると言っても、一見して複雑に見えるインターフェースは利用者が慣れるまでに時間がかかってしまったり、そもそもそこへのアクセスが嫌になってしまったりするかもしれません。

　アダプティブラーニングのところでも紹介しましたが、ゲーム性や「楽しい」と思わせる仕掛けがあることも利用者をエンゲージする上で必要です。もちろんコンテンツデザインも重要ですが。

　いくらパーソナライズされていても他者とのつながりがなかったり、自分の学びを共有して話し合うことができたりする場がなければ、自分一人で「学習」に孤軍奮闘しているような状態になり、長続きしません。

パーソナライズド・ラーニングの設計に必要なこと

　さて、自律学習を促進する観点から要求される機能や仕掛けについて述べてきましたが、パーソナライズド・ラーニングを進める上での重要なポイントのもう一つが、全体の設計にあります。

　自律学習の促進条件のところでも書きましたが、組織の中で働いている以上、自分にとっての必要性やキャリアパスを描く上での参考となる指針も必要です。その指針の一つとなるものが、組織として示しているケイパビリティ・モデルや、役職や役割、業務において必要とされるスキルスタンダード、知識の一覧です。それらのモデルやスタンダードに基づいた学習や必要経験のパスが示されていることも重要です。前出のLinkedInなどでは、様々なキャリアとその

人たちの専門性や経験などを「マーケット」の観点から見ることができますが、自社の中でのキャリアパスを描き、それに沿った学習や必要経験を特定し、パスを検討するためには、自社が設定しているケイパビリティ・モデルやコンピテンシーモデルなどに基づいたアセスメント機能を提供することも、明確な目標を持って学習をしていく環境を整える上でとても重要です。また、各人の学習パスを描く上で重要なロールモデルとして参照することができる専門家やマネジャーからのアドバイスなどを得ることができることも、ソーシャルラーニングの有効性というだけではなく、目指すべきキャリアの観点からも必要な要素です。

　つまり各人の学習ニーズに合わせ、また、業務推進や業務課題、組織課題の適時性と絡めて、各個人にオンスポットで必要とされるコースやモジュール、はたまたナレッジを推奨して学習のパスやその経験を個人に合わせた形で進められるようにするのがパーソナライズド・ラーニングです。

　学習コンテンツ（学習資産、学習アセット）のデザインという意味では、フォーマルにつくられた構造化された学習コースだけがラーニングにつながるものではないことは、すでに述べてきましたが、「教育」要素の強い構造化されたラーニングコースを各人のニーズに合わせて推奨していくことも当然必要です。

　そのためには、同期型のオンライン研修や集合研修、集合研修への補足的な形でのブレンド型研修の提供だけでは十分ではありません。役職・役割に必要となるスキルや知識に合わせ、今ある学習資産のコンテンツ要素をできる限り小さな習得目標単位や業務課題単位に「チャンク（塊に切り分ける）」し、コース学習だけではないラーニングアセットやナレッジを整理して、自分に必要な部分だけをタイムリーに学ぶことができるようなデザインが必要になってきます。それをCrystal Kadakiaは『Designing for Modern Learning』（2020、ATD　Press）で、「ラーニング・クラスター・デザイン」と言っています。

　パーソナライズド・ラーニングのより有効な実践のためには、既存の状態で「機械にお任せ」ではなく、まずは、自分たちが設計しているケイパビリティ・モデルや、スキルスタンダードの精度を高め、それらと紐づいて必要となる学習や経験、ナレッジとの関連付けなどのクラスターを整備し、それをもとにLXPやナレッジツール、パフォーマンス・マネジメントツールなどからアップデートを引き出し、キュレーションしてレコメンドしていけるようなアルゴリ

ズムを組み込む必要があるでしょう。

　もしかしたら、パーソナライズド・ラーニングによる自律的な学習を推進していくための第一歩は、人材開発や研修を提供する側のマインドセットを変えることかもしれません。

　研修を企画提供する側の都合に合わせた"One-size fits All"型のイベント提供的アプローチから、学習を必要とする人が必要な時に必要な情報や支援を得ることができるJust in Timeで学習できる学習者のコンテクストに沿ったアプローチが必要です。

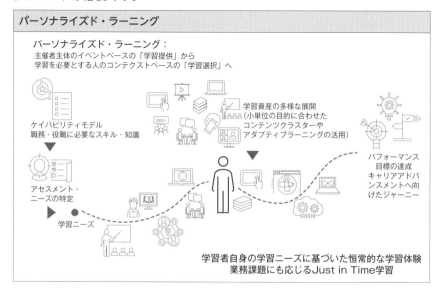

 パーソナライズド・ラーニング

パーソナライズド・ラーニング：
主催者主体のイベントベースの「学習提供」から
学習を必要とする人のコンテクストベースの「学習選択」へ

ケイパビリティモデル
職務・役職に必要なスキル・知識

学習資産の多様な展開
（小単位の目的に合わせた
コンテンツクラスターや
アダプティブラーニングの活用）

パフォーマンス
目標の達成
キャリアアドバ
ンスメントへ向
けたジャーニー

アセスメント・
ニーズの特定

学習ニーズ

学習者自身の学習ニーズに基づいた恒常的な学習体験
業務課題にも応じるJust in Time学習

ラーニングにテクノロジーを導入する際の課題

　人事や人材開発の専門家としての側面からテクノロジーの活用の仕方を知っておかなければならないことは必須としても、人材開発の立場から研修やラーニングに関わるテクノロジーの導入を提案しても、なかなか……ということもあるかもしれません。

　一方で、バーチャル研修が主になった今、「集合研修」用に確保してあった予算をどう使うかに頭を悩ませているという話も聞きます。「予算が余っている」という理由で、「何か『いい研修』ありませんか？」というリクエストもあるという声も聞きました（2021年9月現在）。戦略的なアプローチとは程遠いリアクション的な予算消化対応です。そういったリアクション的な動きをし

てしまう場合の企画する側のマインドセットを変えていく必要もあるかもしれません。もし、今、そのような予算があり、今後「集合研修」ではなくなる可能性の研修が多くあるとするならば、それをテクノロジーベースのラーニング環境整備に投資し、将来に備える絶好のチャンスかもしれません。

とは言え、「ラーニングの場に新しいテクノロジーは導入したいものの、経営層がLMSの重要性を理解してくれない」、「経営層が『研修＝コンテンツの提供』」と思っているので、バーチャルセミナーやe-ラーニングライブラリーの提供で十分だ」と思われている、などの現実があるとすれば、本書にあるように、「研修」の在り方そのものが大きく変化してきていることを訴求する必要があるかもしれません。組織的な「DX」が訴求されている今は特にテクノロジーによってラーニングの在り方が大きく変わってきていること、それが「組織ブランド」として優秀な人材を惹きつけ続け、また、採用し続けられるようになるための重要な要素となってきていることをしっかりと伝える必要があるでしょう。その投資がなぜ重要なのかを伝えるためには、DXが叫ばれてもなかなか進まないテクノロジー後進国とも言われている日本の中でのベンチマークだけではなく、グローバルでの「ラーニング」環境のベンチマーク（ATDの"State of Industry Report"など）も、大切ではないでしょうか。アメリカの製造業界が中心となって人的資本の有効性を示そうという機運（ISO30414への注目など）が高まっている今は、特に重要かもしれません。そのためには、人事や人材開発として組織の人材に関わるデータを整理し、効果的な学習ができている組織であることを示すデータを提示することも必要となってきます。タレントマネジメントシステムやLMSを導入したからと言って、それでデータ・ドリブンな組織になったことにはならないことは明らかですが、組織のクオリティーを示すための標準整備が必要になってきた転換点にある今は、経営陣に対して訴求できる人材開発部門のビジネス戦略を明示する良いタイミングではないでしょうか。

本書は、人材開発におけるAIを主題としていますので、この大きな変化の中でのテクノロジーの導入や、すでに日常にあるAI技術をどう人材開発に展開していく必要があるのか、なぜテクノロジー導入が必要になるのかを主に論じてきましたが、決して従来の「集合研修」が無くなるわけではありません。「集合研修」にもテクノロジーの要素が導入され、VRやARを使ってのラーニング

ファシリテーションをするという新しいファシリテーターの役割になってくることは間違いがないことだろうと思われます。しかし、リアルタイムの対面でやる必要がないインプットを主とした講義中心のコンテンツや、知識習得目的のコンテンツや自学可能な情報提供部分、強化学習の部分にテクノロジーが導入されることによって、むしろ「集合研修」の質や価値が高まると考えられます。もちろんそれは、「集合研修」における学習目標がしっかりと特定され、人が集まる「目的」にふさわしい学習アクティビティーがあってのことになりますので、インストラクショナルデザインを展開するための学習デザインに関する基本的な理論や知識は、人材開発に関わるプロフェッショナルには必須のものになってくるでしょう。研修コンテンツだけではなく、ラーニングエクスペリエンス全体のデザインを考慮したタレントデベロップメント戦略の基盤となるコンピテンシーモデル構築やタスクとスキルを見極めるための知識・スキルも必要です。有効なラーニング環境の構築と運営を迅速に進めるためには、上記の知見・スキルを備え、適切な専門知識やスキルの移転も含めたパートナーとして支援してくれるパフォーマンス・コンサルタントやラーニング・コンサルタントを外部に求めることを検討しても良いのではないでしょうか。

　ラーニングへのテクノロジー導入によるもう一つの重要な役割は、「ラーニングカルチャー（学習文化）」の構築とその組織へのインパクトを測定していくことです。テクノロジーだけではなく、様々な要因によって急速に変化している現代社会において、「組織のラーニング」はイノベーションや変化への対応に必須の要素です。つまり、「研修」やe-ラーニングコースを提供して、一人ひとりにフォーマルな形での学習コンテンツさえ提供しておけばいいという役割ではなくなるということです。

　研修一つひとつや、研修そのものの「効果測定」という考え方ではなく、「ラーニング・エコシステム」の中で、「学習」が組織のイノベーションや変化への適応にどのようなインパクトをもたらしているのかを、以下のような項目で測定しようとするものです*（*alleninteractions.com/futureproofing, formetrics.com　を参照）。

　　□アジャイルな学びやナレッジの共有が起こっているか

□組織としてのケイパビリティーの現在地と将来の組織に必要なケイパビリティーのギャップが明確になっているか

□リスキルニーズ、アップスキルニーズがマネジャーやラーナーによって認識され、共有されているか

□今の業務遂行に必要な学習はJust in Timeに行われているか

□現在のパフォーマンスに対しての人材のキャパシティやコンピテンシーは充足されているか

　組織における人的資本情報の開示がその組織のクオリティーを示すという考え方から検討されてきたISO30414などにも注目されているところですが、その基準に合っていることを示すためには、組織の人材のケイパビリティやラーニング環境整備における状態をデータとして捉えることが必須になってきます。そのためにもテクノロジーの導入が必要になってくるかもしれないことは、この冒頭でも述べましたが、人材開発を担う部門の担当者には、より一層の人材開発を戦略として推進するための知識やスキルが求められてきています。

　LXPやタレントマネジメントシステム、社内の他のリソースとも連携することは、「学習し、成長する組織」であるかどうかのデータが多方面から集まるということです。多方面からのデータが集まるということは、データから組織全体の状態が見えてくるということです。例えば、パフォーマンスマネジメントデータやワークフローシステムやナレッジツールが連携されていれば、SlcakやTeams、あるいは検索エンジンのテキストマイニングデータから、コンテンツのキュレーションやパフォーマンス上必要になってくる知識やスキルの変化を知ることができます。その目的が学習コンテンツの生成やキュレーション、学習ステップへのアドバイスをすることを目的としたデータであったとしても、実はそれらのデータからは、「学習」以外の課題も見えてきます。つまり、「課題」に対する「解決策」としてのラーニングを提供するというリアクション的なアプローチから、プロアクティブに組織の状態を把握し、学習以外の課題や組織成長に対する準備策の検討を提案することも可能になるということです。

　さて、そうは言っても、組織が小さく、とてもLMSなどを大々的に導入はできない、という場合には、TeamsやSlackなどビジネスチャット機能を利用

したラーニングコミュニティの形成や、ナレッジ共有するフォルダーの整備、社内SME（専門家）によるメンターコミュニティーの形成や制度を設けることによって、大きなLMSに依存しなくてもラーニング・エコシステム環境の構築が可能です。

　単純にラーニングコースのライブラリーを導入するのではなく、自社の中にある既存コンテンツを整備したり、ナレッジシェアを含むラーニング環境をつくったりしたいという場合には、受講登録者数によらず、年間数百ドルから利用可能な課金制度を持っている下記のようなプラットフォームもあります。

「LearnWorls」　https://www.learnworlds.com/

「Teachable」　https://teachable.com/

　また、もしかしたら、DX推進の掛け声によって、組織内のドキュメントを整理し、ナレッジへのアクセス改善をするためのナレッジツール（安価なものも多く出回ってきました）の使用も検討されているかもしれません。もし、そのようなツールの導入が会社として進められている場合は、組織が求めるコンピテンシーモデルや役職・役割別スキル・知識に合わせて「学習資産（ラーニングアセット）」を整理し、活用することも可能になってきます。

　さて、人材開発におけるAIがテーマとなっている本書ですが、新興技術であることやまだまだ試行錯誤しながら活用を進めている段階なので、私たちは、様々な課題や問題も経験しています。AIの活用に関しては、欧州委員会から「AIに関する倫理ガイドライン」が発表されました。下記にその項目だけを示しますが、詳しくは、https://ledge.ai/eu-ai-ethics-guideline/　でご覧ください。

　人材開発だけではなく、人事関連システムでは多くの人に関わるデータを扱います。GDBRだけではない考慮点として、押さえておく必要があるでしょう。

- 人間活動と監視
- 堅固性と安全性
- プライバシーとデータのガバナンス
- 透明性
- 多様性・被差別性・公平性
- 社会・環境福祉
- 説明責任

私たちは、知らない間にAIを使っていて、日常の生活そのものがどんどん進化しています。そして今、COVID-19のパンデミックによって、働き方や学び方が大きく変わろうとしています。未来を担う組織の人々のためにも、テクノロジーを活用した学習環境の整備は、避けては通れないものになっています。

　まずは、自社のラーニング環境の整備に必要な条件を検討し、今あるデジタル環境を活かすことも含め、個人や組織の学びの状態をデータとして捉え、組織のイノベーションや組織パフォーマンスの向上に貢献できるデータ・ドリブンな人材開発になるための第一歩を踏み出してみてはいかがでしょうか。

※注：本稿に掲載したURLは2021年10月現在のものです。
　　　今後、情報の更新や削除等が発生する場合もございます。ご了承ください。

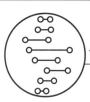

推薦図書・リソースサイト

　これらのリソースは、本書の中では言及されてはいないAI全般や、AIを導入して組織の学習やパフォーマンスをサポートする方法についてのさらなる読み物としてお勧めします。

Ako AI. 2018. "How to Test a Chatbot." Medium, July 22. medium. com/@go.ako.ai/https-akoai-medium-com-how-to-test-a- chatbot-427c55365871.

Baer, J. 2018. "The 6 Critical Chatbot Statistics for 2018." Convince & Convert. convinceandconvert.com/digital-marketing/6-critical- chatbot-statistics-for-2018.

DataNow. 2017. "DataNow Snapshot: Learning Technology Study 2017." Brandon Hall Group, June. go.brandonhall.com/l/8262/ 2017-06-05/73hbxx.

Debecker, A. 2017. "2020 Chatbot Statistics—All the Data You Need." Ubisend, August 23. blog.ubisend.com/optimise- chatbots/chatbot-statistics.

Jami, J. 2018. "What' s Big in Chatbots in 2018 and Beyond." BotCore, January 11. botcore.ai/blog/whats-big-chatbots-2018-beyond.

Jenewein, T. 2017. "Machine Learning: 7 Use Cases for Education & Learning." SAP Community, July 26. blogs.sap.com/2017/07/26/ machine-learning-7-use-cases-for-education-learning.

Learning Guild, The. 2018. "Artificial Intelligence Across Industries: Where Does L&D Fit?" The Learning Guild, August 16. learningguild.com/insights/226/artificial-intelligence-across-industries-where-does-ld-fit/?utm_campaign=research-ai18&utm_medium=link&utm_source=lspub.

Marr, B. n.d. "Making Products Smarter With Artificial Intelligence." Bernard Marr & Co. bernardmarr.com/default.asp?contentID=730.

Meacham, M. 2018. "Will a Chatbot Be Your Next Learning Coach? How AI Can Support Talent Development in Your Organization." LearningToGo, January 15. learningtogo.info/2018/01/15/will-a-chatbot-be-your-next-learning-coach-how-ai-can-support-talent-development-in-your-organization.

Penenberg, A. 2010. "Social Networking Affects Brains Like Falling in Love." *Fast Company*, July 1. fastcompany.com/1659062/social-networking-affects-brains-falling-love.

Rosenberg, M. 2013. "At the Moment of Need: The Case for Performance Support." The Learning Guild, June 6. learningguild.com/publications/index.cfm?id=33&utm_campaign=wp-ps1306&utm_medium=link&utm_source=lsm-news.

Satow, L. 2017. "Chatbots as Teaching Assistants: Introducing a Model for Learning Facilitation by AI Bots." SAP Community, July 12. blogs.sap.com/2017/07/12/chatbots-as-teaching-assistants-introducing-a-model-for-learning-facilitation-by-ai-bots.

Schaffhauser, D. 2018. "Experts Weigh in on Merits of AI in Education." The Journal, December 20. thejournal.com/articles/2018/12/20/experts-debate-merits-of-ai-in-education.aspx.

University of Toronto. n.d. "The Turing Test." psych.utoronto.ca/users/reingold/courses/ai/turing.html.

Zak, P. 2008. "The Neurobiology of Trust." *Scientific American*, June. scientificamerican.com/article/the-neurobiology-of-trust.

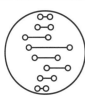

参考文献

はじめに

Deaton, S. 2015. "Social Learning Theory in the Age of Social Media: Implications for Educational Practitioners." *Journal of Educational Technology* 12(1): 1–6.

DeBrule, S. 2020. "Machine Learnings: Understand How AI Will Change Your Work and Life." Newsletter. subscribe. machinelearnings.co/?utm_source=machine_learnings&utm_medium=blog&utm_campaign=publication_homepage&utm_content=navigation_cta.

Google. 2019. "The Machine Learning Glossary." developers.google.com/machine-learning/glossary/.

Mueller, P.A., and D.M. Oppenheimer. 2014. "The Pen Is Mightier Than the Keyboard: Advantages of Longhand Over Laptop Note Taking." *Psychological Science* 25(6): 1159-68.

Niiler, E. 2020. "An Epidemiologist Sent the First Warnings of the Wuhan Virus." *Wired*, January 25. wired.com/story/ai-epidemiologist-wuhan-public-health-warnings/.

Opong, T. 2017. "The Life-Changing Habit of Journaling (Why Einstein, Leonardo da Vinci, and Many More Great Minds Recommend it)." *Medium,* June 22. medium.com/thrive-global/start-journaling-54ea2edb104.

Wolf, M. 2018. "Skim Reading Is the New Normal. The Effect on Society Is Profound." *The Guardian*, August 25. theguardian. com/commentisfree/2018/aug/25/skim-reading-new-normal-maryanne-wolf.

第1章

Anderson, M.R. 2017. "Twenty Years on From Deep Blue vs Kasparov: How a Chess Match Started the Big Data Revolution." *The Conversation*, May 11. theconversation.com/twenty-years-on-from-deep-blue-vs-kasparov-how-a-chess-match-started-the-big-data-revolution-76882.

Baer, J. 2018. "The 6 Critical Chatbot Statistics for 2018." *Convince & Convert*. convinceandconvert.com/digital-marketing/6-critical-chatbot-statistics-for-2018.

Best, J. 2013. "IBM Watson: The Inside Story of How the Jeopardy-Winning Supercomputer Was Born, and What It Wants to Do Next." *TechRepublic*, September 9. techrepublic.com/article/ibm-watson-the-inside-story-of-how-the-jeopardy-winning-supercomputer-was-born-and-what-it-wants-to-do-next.

Brandon Hall Group. 2016. "Learning Technology." Brandon Hall. go.brandonhall.com/l/8262/2016-04-25/5brswr.

Business Wire. 2018. "Worldwide Spending on Cognitive and Artificial Intelligence Systems Forecast to Reach $77.6 Billion in 2022, According to New IDC Spending Guide." *Business Wire*, September 19. businesswire.com/news/home/20180919005045/en/Worldwide-Spending-Cognitive-Artificial-Intelligence-Systems-Forecast.

Chalmers, D.J. 1995. "Facing Up to the Problem of Consciousness." *Journal of Consciousness Studies* 2(3): 200–19.

Chawla, V. 2019. "How China Is Revolutionising Education Using Artificial Intelligence." *Analytics India Magazine*, August 26. analyticsindiamag.com/china-artificial-intelligence-education.

Chowdhury, H. 2020. "Could We Ever Create an AI as Smart as the Human Brain?" *The Telegraph,* January 16. telegraph.co.uk/technology/2020/01/15/can-googles-british-sister-company-deepmind-build-computer-smart.

Ciccarelli, M. 2020. "Humans Plus AI Improves Cybersecurity Risk Response." *Human Resource Executive,* January 2. hrexecutive.com/humans-plus-ai-improves-cybersecurity-risk-response.

Davies, S. 2018. "Artificial Intelligence Is Changing the Translation Industry. But Will It Work?" *Digitalist Magazine,* July 6. digitalistmag.com/digital-economy/2018/07/06/artificial-intelligence-is-changing-translation-industry-but-will-it-work-06178661.

Degreed and Harvard Business Publishing. 2019. *How the Workforce Learns in 2019.* harvardbusiness.org/insight/how-the-workforce-learns-in-2019.

Dillon, JD. 2020. "The Path to AI." *TD,* January. td.org/td-magazine/january-2020-td-magazine.

Encyclopedia Britannica. n.d. "Thomas Bayes." britannica.com/biography/Thomas-Bayes.

Farnam Street Blog. 2013. "The Original Parkinson's Law and the Law of Triviality." Farnam Street Blog. fs.blog/2013/12/parkinsons-law.

Georgia Tech. n.d. "Georgia Tech's Emprize: AI-Powered Learning. Anytime. Anywhere." emprize.gatech.edu.

Goren, E. 2003. "America's Love Affair With Technology: The Transformation of Sexuality and the Self Over the 20th Century." *Psychoanalytic Psychology* 20(3): 487-508.

Gratton, L., D. Rock, J. Voelker, and T. Welsh. 2019. "Redefining the Role of the Leader in the Reskilling Era." *McKinsey Quarterly,* December.

Hassabis, D., D. Kumaran, C. Summerfield, and M. Botvinick. 2017. "Neuroscience-Inspired Artificial Intelligence." *Neuron* 95(2):

245-58.

Ismail, N. 2019. "The History of the Chatbot: Where It Was and Where It's Going." *Information Age*, February 11.

Jackson, N. 2011. "Electro the Moto-Man, One of the World's First Celebrity Robots." *The Atlantic*, February 21. theatlantic.com/technology/archive/2011/02/elektro-the-moto-man-one-of-the-worlds-first-celebrity-robots/71505.

Kamarck, E. 2018. "Malevolent Soft Power, AI, and the Threat to Democracy." Brookings Institution, November 29. brookings.edu/research/malevolent-soft-power-ai-and-the-threat-to-democracy.

Kasinathan, G., and K.S. Yogesh. 2019. Exploring AI in Indian School Education. National Seminar on "Innovative Practices and Research in the Era of Digi Education," March 21–22. itforchange.net/sites/default/files/2019-08/Paper-AI-and-education-Seminar-by-UOH-March-20-2019-with-abstract.pdf.

Koch, M. 2017. "The Turing Test: The History Behind Measuring Artificial Intelligence." *Medium*, May 12. medium.com/@MichaelKoch/the-turing-test-the-history-behind-measuring-artificial-intelligence-284efa636c3b.

Life Sciences Trainers & Educators Network (LTEN). 2019. "Artificial Intelligence: The Future of Work?" LTEN, January 24. lten-industrybrief.caboodleai.net/en/article/22742.

Georgia Tech 2020. "Jill Watson, an AI Pioneer in Education, Turns 4." ic.gatech.edu/news/631545/jill-watson-ai-pioneer-education-turns-4.

Marr, B. 2018. "How Much Data Do We Create Every Day? The Mind-Blowing Stats Everyone Should Read." *Forbes*, May 21. forbes.com/sites/bernardmarr/2018/05/21/how-much-data-do-we-create-every-day-the-mind-blowing-stats-everyone-should-read/#3204496d60ba.

Marsh, A. 2018. "Electro the Moto-Man Had the Biggest Brain at the 1939 World's Fair." IEEE Spectrum, September 28. spectrum.

ieee.org/tech-history/dawn-of-electronics/elektro-the-motoman-had-the-biggest-brain-at-the-1939-worlds-fair.

Martin, N. 2019. "Did a Robot Write This? How AI Is Impacting Journalism." *Forbes,* February 8. forbes.com/sites/nicolemartin1/2019/02/08/did-a-robot-write-this-how-ai-is-impacting-journalism/#6f9139857795.

McCarthy, J., M.L. Minsky, N. Rochester, and C.E. Shannon. 1955. "A Proposal for the Dartmouth Summer Research Project on Artificial Intelligence." formal.stanford.edu/jmc/history/dartmouth/dartmouth.html.

McCulloch, W.S., and W. Pitts. 1943. "A Logical Calculus of the Ideas Immanent in Nervous Activity." *The Bulletin of Mathematical Biophysics* 5, 115–33. link.springer.com/article/10.1007/BF02478259.

Meacham, M. 2017. "What Does It Mean to Be Intelligent?" LearningToGo. learningtogo.info/2017/06/09/what-does-it-mean-to-be-intelligent-2.

Miner, N. 2018. *Future-Proofing Your Organization by Teaching Thinking Skills: A Survival Guide for 21st Century Business.*

MIT Technology Review. 2017. "Artificial Intelligence Can Translate Languages Without a Dictionary." *MIT Technology Review.* technologyreview.com/f/609595/artificial-intelligence-can-translate-languages-without-a-dictionary.

Nadkarni, P.M., L. Ohno-Machado, and W.W. Chapman. 2011. "Natural Language Processing: An Introduction." *Journal of the American Medical Informatics Association* 18(5): 544–51. doi.org/10.1136/amiajnl-2011-000464.

Naveen, J. 2019. "How Far Are We From Achieving Artificial General Intelligence?" *Forbes,* June 10.

Nessier, U. 1979. "The Concept of Intelligence." *Intelligence* 3(3): 217–27.

PBS. N.d. "Tesla: Life and Legacy." pbs.org/tesla/ll/ll_robots.html.

Pfeiffer, U., B. Timmermans, K. Vogeley, C. Frith, and L. Schilbach. 2013. "Towards a Neuroscience of Social Interaction." *Frontiers in Human Neuroscience*, February 1. frontiersin.org/articles/10.3389/fnhum.2013.00022/full.

Popova, M. 2015. "How Ada Lovelace and Charles Babbage Invented the World's First Computer: An Illustrated Adventure in Footnotes and Friendship." *Brainpickings*. brainpickings.org/2015/06/15/the-thrilling-adventures-of-lovelace-and-babbage-sydney-padua.

Russell, J. 2017. "Google's AlphaGo AI Wins Three-Match Series Against World's Best Go Player." *TechCrunch,* May 25. techcrunch.com/2017/05/24/alphago-beats-planets-best-human-go-player-ke-jie.

Ryan, K.J. 2018. "This Robot Detects Lung Cancer Better Than Any Human Doctor—And That's Just for Starters." *Inc.,* July/August. inc.com/magazine/201808/kevin-j-ryan/monarch-platform-auris-health.html.

Sagan, C. 2002. *Cosmos.* New York: Random House.

Simon, M. 2018. "The WIRED Guide to Robots." *Wired,* May 15. wired.com/story/wired-guide-to-robots.

Sivasubramanian, S. 2020. "How AI and Machine Learning Are Helping to Fight COVID-19." The World Economic Forum COVID Action Platform, May 28. weforum.org/agenda/2020/05/how-ai-and-machine-learning-are-helping-to-fight-covid-19.

Starner, T. 2020. "Fortune 500 Study: Personalization, AI Deficit in Job Candidate Experience." *Human Resource Executive,* January 17.

Sternberg, R.J., and J.C. Kaufman. 2002. *Intelligence: Encyclopedia of the Human Brain.*

Straders, A. 2019. "What Is Artificial Intelligence? Examples and News in 2019." *TheStreet,* January 3. thestreet.com/technology/what-is-artificial-intelligence-14822076.

Tracxn. 2019. "Artificial Intelligence Startups in India." tracxn.com/explore/Artificial-Intelligence-Startups-in-India.

Turing, A.M. 1950. "Computing Machinery and Intelligence." *Mind* 59(236): 433–60.

University of Reading. 2014. "Turing Test Success Marks Milestone in Computing History." reading.ac.uk/news-archive/press-releases/pr583836.html.

Van Dinteren, R., K. Nijsman, and M. Meacham. 2018. "From Learning to Performance: Global Lessons from the Brain Ladies." Whitepaper. brainladies.com/homepages/whitepaper.

Wired. 2017. "The Robot Will See You Now." *Wired*, April 25. youtu.be/x1Qu1YKZA0Y.

第2章

Anderson, G., J. Thomas, and J. Katzenbach. 2018. *The Critical Few: Energize Your Company's Culture by Choosing What Really Matters*. Oakland, CA: Berrett-Koehler.

Berger, G. 2019. *The Jobs of Tomorrow: LinkedIn's 2020 Emerging Jobs Report*. LinkedIn. blog.linkedin.com/2019/december/10/the-jobs-of-tomorrow-linkedins-2020-emerging-jobs-report.

Bersin, J. 2019. "AI in the Flow of Work. Insights on Corporate Talent, Learning, and HR Technology." Josh Bersin, January 2. joshbersin.com/2018/11/learning-in-the-flow-of-work-arriving-now.

Borden, T., and A. Akhtar. 2020. "The Coronavirus Has Triggered Unprecedented Mass Layoffs and Furloughs. Here Are the Major Companies That Are Downsizing Their Workforces." *Business Insider*, May 28. businessinsider.com/coronavirus-layoffs-furloughs-hospitality-service-travel-unemployment-2020.

Brandon Hall Group. 2017. *Learning Technology Study 2017*. go.brandonhall.com/l/8262/2017-06-05/73hbxx.

Branson, R.K., G.T. Rayner, J.L. Cox, J.P. Furman, F.J. King, and W.H.

Hannum. 1975. "Interservice Procedures for Instructional Systems Development, Vols. 1-5." TRADOC Pam 350-30, NAVEDTRA 106A. Ft. Monroe, VA: U.S. Army Training and Doctrine Command.

Caballar, R.D. 2019. "What Is the Uncanny Valley?" IEEE Spectrum, November 6. spectrum.ieee.org/automaton/robotics/humanoids/what-is-the-uncanny-valley.

Cohen, J.N., and P. Mihailidis. 2013. "Exploring Curation as a Core Competency in Digital and Media Literacy Education." *Faculty Works: Digital Humanities & New Media 4.* digitalcommons.molloy.edu/dhnm_fac/4.

Darlington, K. 2020. "How Artificial Intelligence Is Helping Prevent the Spread of the COVID-19 Pandemic." *OpenMind BBVA,* May 22. bbvaopenmind.com/en/technology/artificial-intelligence/how-ai-is-helping-prevent-the-spread-of-the-covid-19-pandemic.

Frey, C.B., and M.A. Osborne. 2013. "The Future of Employment: How Susceptible Are Jobs to Computerisation?" Oxford University Engineering Sciences Department and the Oxford Martin Programme on the Impacts of Future Technology. "Machines and Employment" Workshop, September 17.

Friedman, M. 2015. "There's a Deeply Scientific Reason That Siri's Voice Is Female." *Marie Claire,* October 30. marieclaire.com/culture/news/a16682/why-is-siri-a-female-voice.

Hernández-Orollo, J. 2020. "AI Evaluation: On Broken Yardsticks and Measurement Scales." Association for the Advancement of Artificial Intelligence. eval.how/aaai-2020/REAIS19_p14.pdf.

Kelly, P. 2016. "Transforming Assessment Into Great Learning Experiences." Ed.gov Blog. blog.ed.gov/2016/12/transforming-assessment-into-great-learning-experiences.

Lowrey, A. 2018. "Wages Are Low, and Workers Are Scare. Wait, What?" *The Atlantic,* September 19. theatlantic.com/ideas/archive/2018/09/is-america-facing-a-labor-shortage/570649.

Manjoo, F. 2013. "You Won't Finish This Article," *Slate,* June. slate. com/technology/2013/06/how-people-read-online-why-you-wont-finish-this-article.html.

Marr, B. 2018. "How Much Data Do We Create Every Day? The Mind-Blowing Stats Everyone Should Read," *Forbes,* May 21. forbes.com/sites/bernardmarr/2018/05/21/how-much-data-do-we-create-every-day-the-mind-blowing-stats-everyone-should-read/#42e9139260ba.

McKinsey & Company. n.d. "The Next Normal." McKinsey & Company. mckinsey.com/featured-insights/the-next-normal.

Norcross, J.C., G.P. Koocher, and A. Garofalo. 2006. "Discredited Psychological Treatments and Tests: A Delphi Poll." *Professional Psychology: Research and Practice* 37(5): 515-22. doi:10.1037/0735-7028.37.5.515.

Paul, R., and L. Elder. 1997. Foundation for Critical Thinking. criticalthinking.org.

Rodgers, C. 2002. "Defining Reflection: Another Look at John Dewey and Reflective Thinking." pdfs.semanticscholar.org/8306/5a718e cebe57d7dea8a80f6d2a746c7b7a86.pdf.

Sneader, K., and S. Singhal. 2020. "Beyond Coronavirus: The Path to the Next Normal." McKinsey & Company, March 23. mckinsey. com/industries/healthcare-systems-and-services/our-insights/beyond-coronavirus-the-path-to-the-next-normal.

Srdanovic, B. 2018. "Educational Chatbots and the Use of Instant Messaging Apps in the Classroom." eLearning Industry, March 24. elearningindustry.com/educational-chatbots-use-instant-messaging-apps-classroom.

Tansey, I. 2017. "Bots vs. Robots: What's the Difference?" Codebots. codebots.com/artificial-intelligence/robots-and-bots-explained.

Villar, C. Creating. 2017. "Conversational Experiences (II)." *Medium,* December 12. medium.com/landbot-io/creating-conversationalexperiences-ii-build-and-design-20ac88d7ee72.

第3章

Devaney, E. 2018. "The State of Chatbots Report: How Chatbots Are Reshaping Online Experiences." Drift, January 23. drift.com/blog/Chatbots-report.

Editorial Team. 2018. "How Netflix Uses Big Data to Drive Success." Inside Big Data, January 20. insidebigdata.com/2018/01/20/netflix-uses-big-data-drive-success.

Herr, N. 2007. "Internet Resources to Accompany the Sourcebook for Teaching Science." csun.edu/science/health/docs/tv%26health.html.

McFadden, C. 2019. "How Exactly Does Netflix Recommend Movies to You?" Interesting Engineering, June 3. interestingengineering.com/how-exactly-does-netflix-recommend-movies-to-you.

Sullivan, D. 2018. "How Google Autocomplete Works in Search." Google Search Blog. blog.google/products/search/how-google-autocomplete-works-search.

Turing, A. 1950. "Computing Machinery and Intelligence." *Mind* 49:433–60. csee.umbc.edu/courses/471/papers/turing.pdf.

Ulanoff. L. 2014. "Amazon Knows What You Want Before You Buy It." *Machine Learning Times*, January 27. predictiveanalyticsworld.com/machinelearningtimes/amazon-knows-what-you-want-before-you-buy-it.

第4章

ATD Research. 2018. *Is the LMS Dead? Learning Management Technology in Today's Organizations*. Alexandria, VA: ATD Press.

Blattmann, J. 2018. "Netflix: Binging on the Algorithm." *Medium,* August 2. uxplanet.org/netflix-binging-on-the-algorithm-a3a74a6c1f59.

Brandon Hall Group. 2016. *2016 Learning Technology Study*. tinyurl.
com/zysxev7.

Dawkins, R. 1976. *The Selfish Gene*. New York: Oxford University
Press.

Dawson, T. 2019. "Learning, Emotion, and the Goldilocks Zone."
Medium, March 10. medium.com/@theo_dawson/learning-
emotion-and-the-goldilocks-zone-30295765dd7a.

Dickson, B. 2019. "What Is Deep Learning?" *PCMag,* August 8.
pcmag.com/news/what-is-deep-learning.

Expertus. 2007. "Expertus Survey Reveals Executive Frustration With
Learning Measurement." Expertus. expertus.com/81-of-lms-users-
are-dissatisfied-with-reporting.

Herold, B. 2020. "The Scramble to Move America's Schools Online."
Edweek, March 27. edweek.org/ew/articles/2020/03/26/the-
scramble-to-move-americas-schools-online.html.

Johnson, K. 2019. "How Google Maps Uses Machine Learning to
Predict Bus Traffic Delays in Real Time." *Venture Beat,* June 27.
venturebeat.com/2019/06/27/how-google-maps-uses-machine-
learning-to-predict-bus-traffic-delays-in-real-time.

Kirkpatrick, J.D., and W.K. Kirkpatrick. 2016. *Kirkpatrick's Four Levels
of Training Evaluation*. Alexandria, VA: ATD Press.

Kodak Workflow Documentation. 2019. "What Is Rules-Based
Automation?" Kodak Workflow Documentation. workflowhelp.
kodak.com/pages/viewpage.action?pageId=40208668.

Koidan, K. 2019. "How Netflix Uses Contextually-Aware Algorithms
to Personalize Movie Recommendations." Topbots, June 26.
topbots.com/netflix-movie-recommender-system-rework.

McIlvaine, A. 2020. "Technology's Role in Recruitment." *Human
Resource Executive,* May 19. hrexecutive.com/technologys-role-
in-recruitment/?eml=20200529&oly_enc_
id=5023D9664490H1Z.

Meacham, M. 2017. "The Near Future of Learning Automation: The

Smart LMS." ATD Insights, April 27. td.org/insights/the-near-future-of-learning-automation-the-smart-lms.

Olckers, A. 2020. "AI in War: 'Algorithms Will Fight Each Other in 20 Years.'" *Medium*, March 7. medium.com/swlh/ai-in-war-algorithms-will-fight-each-other-in-20-years-4df66b346826.

Pandey, P. 2020. "Recommendation Systems in the Real World." Topbots, January 29. topbots.com/recommendation-systems-in-the-real-world.

Pappas, C. 2020. "Anytime, Anywhere Learning Essentials: 5 Features That Your Next LMS App Must Include." *eLearning Industry*, January 18. elearningindustry.com/next-lms-app-features-must-include-anytime-anywhere-learning.

Psychology Today. N.d. "Social Learning Theory." *Psychology Today*. psychologytoday.com/us/basics/social-learning-theory.

Selyukh, A. 2018. "Optimized Prime: How AI and Anticipation Power Amazon's 1-Hour Deliveries." *NPR Morning Edition*, November 21. npr.org/2018/11/21/660168325/optimized-prime-how-ai-and-anticipation-power-amazons-1-hour-deliveries.

Seseri, R. 2018. "How AI Is Changing the Game for Recruiting." *Forbes*, January 29. forbes.com/sites/valleyvoices/2018/01/29/how-ai-is-changing-the-game-for-recruiting/#389dc2a21aa2.

Shekhtman, L. 2019. "NASA Takes a Cue From Silicon Valley to Hatch Artificial Intelligence Technologies." NASA, November 25. nasa.gov/feature/goddard/2019/nasa-takes-a-cue-from-silicon-valley-to-hatch-artificial-intelligence-technologies.

Smyth, A. 2019. "How Artificial Intelligence (AI) in Learning Management Systems (LMS) Will Streamline Employee Learning." *HR Technologist*, April 26. hrtechnologist.com/articles/learning-development/how-artificial-intelligence-in-learning-management-systems-will-streamline-employee-learning.

Thomson, A. 2020. "Google Shows AI Can Spot Breast Cancer Better Than Doctors." *Bloomberg*, January 2. bloomberg.com/news/

articles/2020-01-02/google-shows-ai-can-spot-breast-cancer-better-than-doctors.

Williamson, J. n.d. "The 4 V's of Big Data." dummies.com/careers/find-a-job/the-4-vs-of-big-data.

第5章

———. n.d. "Behaviorism: A Psychological Perspective." PSU. personal.psu.edu/wxh139/bahavior.htm.

———. 2019. "Gary Marcus on Why AI Needs a Reboot." *Psychology Today*, September 20. psychologytoday.com/us/blog/the-future-brain/201909/gary-marcus-why-ai-needs-reboot.

Abadicio, M. 2019. "Artificial Intelligence in the U.S. Army—Current Initiatives." *Emerj*, November 22. emerj.com/ai-sector-overviews/artificial-intelligence-in-the-us-army.

Asimov, I. 2009. "The Three Laws of Robotics." George Law YouTube Channel, March 4. youtube.com/watch?v=AWJJnQybZlk.

Bleicher, A. 2017. "Demystifying the Black Box That Is AI." *Scientific American,* August 9. scientificamerican.com/article/demystifying-the-black-box-that-is-ai.

Bordalo, P., N. Gennaioli, and A. Shleifer. 2017. "Memory, Attention and Choice." Ideas. ideas.repec.org/p/nbr/nberwo/23256.html.

Cherry, K. 2020. "How a Phrenology Head Was Traditionally Used." *Verywell Mind,* March 31. verywellmind.com/example-and-overview-of-a-phrenology-head-4111124.

Comen, E., and T.C. Frohlich. 2019. "The Biggest Corporate Scandals of the Decade." 24/7 Wall St., December 20. 247wallst.com/special-report/2019/12/20/the-biggest-corporate-scandals-of-the-decade/3.

Dastin, J. 2018. "Amazon Scraps Secret AI Recruiting Tool That Showed Bias Against Women." *Reuters,* October 9. reuters.com/article/us-amazon-com-jobs-automation-insight/amazon-scraps-secret-ai-recruiting-tool-that-showed-bias-against-womenidUSKCN1MK08G.

Davies, A., and J.R. Harrigan. 2019. "The Cobra Effect: Lessons in Unintended Consequences." Foundation for Economic Education, September 6. fee.org/articles/the-cobra-effect-lessons-in-unintended-consequences.

DreamWorks Wiki. n.d. "Hiccup/Quotes." DreamWorks. dreamworks.fandom.com/wiki/Hiccup/Quotes.

Dressel, J., and H. Farid. 2018. "The Accuracy, Fairness, and Limits of Predicting Recidivism." *Science Advances*, January 17. advances.sciencemag.org/content/4/1/eaao5580.

Epstein, Z., H.P. Blakeley, J. Hanwen Shen, A. Dubey, B. Felbo, M. Groh, N. Obradovich, M. Cebrian, and I. Rahwan. "Closing the AI Knowledge Gap." Cornell University, March 20. arxiv.org/abs/1803.07233.

Garcia, C. 2015. "Algorithmic Music—David Cope and EMI." Computer History Museum, April 29. computerhistory.org/blog/algorithmic-music-david-cope-and-emi.

Goyal, Y., A. Mohapatra, D. Parikh, and D. Batra. 2016. "Towards Transparent AI Systems: Interpreting Visual Question Answering Models." Cornell University. https://arxiv.org/abs/1608.08974.

Greene, T. 2019. "Researchers Were About to Solve AI's Black Box Problem, Then the Lawyers Got Involved." TNW, December 17. thenextweb.com/artificial-intelligence/2019/12/17/researchers-were-about-to-solve-ais-black-box-problem-then-the-lawyers-got-involved.

Leopold, A. 1949. *A Sand County Almanac: And Sketches Here and There*. New York: Oxford University Press.

Marcus, G., and E. Davis. 2019. *Rebooting AI: Building Artificial Intelligence We Can Trust*. New York: Vintage.

Moore, C. 2020. "What Is Flow in Psychology?" *Positive Psychology*. positivepsychology.com/what-is-flow.

Nadella, S. 2016. "The Partnership of the Future." *Slate*, June 28.

slate.com/technology/2016/06/microsoft-ceo-satya-nadella-humans-and-a-i-can-work-together-to-solve-societys-challenges.html.

Pasztor, A. 2007. "Honeywell Tests Brain-Wave System." International Military Forum, November 13. military-quotes.com/forum/honeywell-tests-brain-wave-system-t48014.html.

Randall, I. 2019. "AI Gets Painting Down to a Fine Art as Algorithm Learns to Mimic the Unique Styles and Brushstrokes of Master Artists Including Van Gogh, Vermeer, and Turner." *Daily Mail,* April 26. dailymail.co.uk/sciencetech/article-6963651/AI-learns-mimic-unique-styles-master-artists-including-Van-Gogh-Vermeer-Turner.html.

Regalado, A. 2019. "China's CRISPR Twins Might Have Had Their Brains Inadvertently Enhanced." *MIT Technology Review,* February 21. technologyreview.com/2019/02/21/137309/the-crispr-twins-had-their-brains-altered.

Robitzski, D. 2020. "This Grad Student Used a Neural Network to Write His Papers." *Futurism,* April 21. futurism.com/grad-student-neural-network-write-papers.

Robot Staff. 2010. "The Evolution of a Roboticist—Mark Tilden." *Robot,* December 7. botmag.com/the-evolution-of-a-roboticist-mark-tilden.

Rojahn, S.Y. 2013. "Samsung Demos a Tablet Controlled by Your Brain." *MIT Technology Review,* April 19. technologyreview.com/2013/04/19/253309/samsung-demos-a-tablet-controlled-by-your-brain.

Rosso, C. 2018. "20 Great Quotes on Artificial Intelligence." *Psychology Today,* May 18. psychologytoday.com/us/blog/the-future-brain/201805/20-great-quotes-artificial-intelligence.

Shane, J. 2019. "The Danger of AI Is Weirder Than You Think." TED2019. ted.com/talks/janelle_shane_the_danger_of_ai_is_weirder_than_you_think?language=en.

Shaw, J. 2019. "Artificial Intelligence and Ethics." *Harvard Magazine*, January–February. harvardmagazine.com/2019/01/artificial-intelligence-limitations.

Skinner, B.F. 1969. *Contingencies of Reinforcement: A Theoretical Analysis*. New York: Appleton-Century-Crofts.

Sumser, J. 2020. "8 Ways to Reflect on Your HR Ethics." *Human Resource Executive*, June 4. hrexecutive.com/sumser-8-ways-to-reflect-on-your-hr-ethics.

Vincent, J. 2016. "Twitter Taught Microsoft's AI Chatbot to Be a Racist Asshole in Less Than a Day." *The Verge*, March 24. theverge.com/2016/3/24/11297050/tay-microsoft-chatbot-racist.

Wachter, S., B. Mittelstadt, and L. Floridi. 2017. "Transparent, Explainable, and Accountable AI for Robotics." *Science Robotics* 2(6). philarchive.org/archive/WACTEA.

Watson, J.B., and W. McDougall. 1929. *Behaviorism*. New York: W.W. Norton.

WhatIs.com. 2019. "Black Box AI." WhatIs.com. whatis.techtarget .com/definition/black-box-AI.

Wigan, M. 2019. "Rethinking IT Professional Ethics." Australian Institute of Computer Ethics Conference. researchgate.net/ profile/Marcus_Wigan/publication/341656019_Rethinking_IT_ Professional_Ethics/links/5ecdb0cf4585152945146f00/ Rethinking-IT-Professional-Ethics.pdf.

著者について

Margie Meacham　マージー・ミーチャム

「ブレイン・レディ」と呼ばれる教育・学習分野の学者・実務家であり、Learning To Go社の社長。学習とパフォーマンスを向上させるための神経科学の実践的な応用が専門。クライアントは、企業、学校、大学など多岐にわたる。ATDの人気ブログを執筆するほか、著書に『*Brain Matters: How to Help Anyone Learn Anything Using Neuroscience*』がある。

　彼女が脳に興味を持ったのは、当時まだ診断されていなかった失読症を抱えていた子供の頃でした。低学年の頃は苦労しましたが、学習障害という課題を克服する方法を独学で学び、高校の卒業生総代、センテナリー大学を優秀な成績で卒業、カペラ大学では4.0の成績で教育学修士号を取得しました。

　ミーチャムは、ハイテク製品の販売でキャリアをスタートし、トレーニング担当ディレクターに昇進した後、教えること、人々の学習を支援することへの情熱を見出しました。初期のビデオ会議やeラーニングを活用した企業トレーナーの一人となり、そこからコンサルティング会社を設立しました。現在では、多くの企業に対してコンサルティングを行い、ニューラルコネクションとニューロサイエンス（神経科学）の理論と実践を結びつけた新しい学習体験のデザインを支援しています。

翻訳者について

中原孝子 Nakahara Koko

　ATD認定CPTD。株式会社インストラクショナルデザイン　代表取締役社長。
　国立岩手大学卒業後、米コーネル大学大学院にて、教育の経済効果、国際コミュニケーション学等を学び、その後、慶應義塾大学環境情報学部武藤研究室訪問研究員として、インターネットを利用したデータマインニングやE-ラーニングなどの研究に携わる。
　米系製造販売会社、シティバンク、マイクロソフトにてトレーニングマネジャーとして活躍後、2002年5月株式会社インストラクショナル デザインを設立。ATD（Association for Talent Development）インターナショナルメンバーネットワークジャパンの理事（現副代表、元代表）も務めている。人材開発を取り巻く環境に求められるプロフェッショナル要件の変遷とともに、研修実施や設計をする者にとってのグローバルスタンダードとも言えるインストラクショナルデザインを紹介したいという思いでインストラクショナルデザイン社を立ち上げ、ATDの活動に積極的に携わってきた。インストラクショナルデザインだけではなく、人事・人材開発の重要な機能としての人々のパフォーマンス支援を重視したパフォーマンスコンサルティング業務（パフォーマンス分析〜施策選定〜測定〜チェンジマネジメント）も行っている。ATDの認定資格者CPLP（Certified Professional in Learning and Performance）として、その研鑽を重ね、理論と実践を兼ね備えたパフォーマンスコンサルタントとして金融から医薬品、製造業、IT企業、国際機関など幅広い分野にそのコンサルティングを提供してきている。
　JMAM発行の『人材教育』など人材関連冊子への投稿をはじめ、啓蒙のための記事も多数。翻訳書として『HPIの基本』（2011年ヒューマンバリュー出版）、『データドリブン人事戦略』（日本能率協会マネジメントセンター）があり、日本におけるインストラクショナルデザインおよびパフォーマンスコンサルティングの第一人者。
　2008年からは、ATDの国際カンファレンスをはじめとし、インド、マレーシア、ブラジル、台湾、韓国、オランダなど人事関連の国際カンファレンスでもスピーカーを務めるなど、国際的に活躍中。2017年5月ATD国際カンファレンスにて、"Machine Learning and AI-Will They End L&D as We Know It-"と題して、AI関連技術によって新しい段階に入った人材開発の役割変化への認識を喚起するパネルディスカッションを行っている。

AI革命が変える人材開発

2021年11月10日　　　初版第 1 刷発行

著　　者——マージー・ミーチャム
翻 訳 者——中原 孝子 ©2021 Koko Nakahara
発 行 者——張 士洛
発 行 所——日本能率協会マネジメントセンター
〒103-6009　東京都中央区日本橋 2-7-1 東京日本橋タワー
TEL　03(6362)4339(編集)／03(6362)4558(販売)
FAX　03(3272)8128(編集)／03(3272)8127(販売)
https://www.jmam.co.jp/

装丁・本文デザイン——IZUMIYA（岩泉卓屋）
Ｄ Ｔ Ｐ————————株式会社明昌堂
印 刷 所————————広研印刷株式会社
製 本 所————————ナショナル製本協同組合

ISBN 978-4-8207-2954-9　C2034
落丁・乱丁はおとりかえします。
PRINTED IN JAPAN